KB047736

악마 같은 친구를 보았다

오영희 저

용서, 치유, 외상 후 성장에 대한 사례집

"상처받은 사람에게 주는
최고의 선물"

학지사

__________ 님께 드리는 선물

용서의 따뜻한 빛과 함께
더욱 건강하고 행복하시기를 기원합니다.

__________ 드림

분노는 당신을 더 하찮게 만드는 반면
용서는 당신을 예전보다 뛰어난 사람으로 성장하게 한다.

– 셰리 카터 스콧

프롤로그

상처는 우리의 삶과 늘 함께한다. 이 세상에 상처 없는 사람은 없다. 그러나 그 상처의 덫에서 평생 허우적댈지, 상처를 바탕으로 행복의 꽃을 피울지는 각자의 노력에 달렸다. 나는 내가 느꼈던 그 시절의 아픔을 꺼내 보면서 더 나은 미래의 나를 꿈꿔 보고자 한다. 이 용서 보고서의 이야기는 중학교 시절 나와 두 살 차이의 선배 언니가 겪었던 상처와 오해들을 바로잡고 치유하는 내용을 담고 있다. 최악의 상처를 묻어 둔 채 살아온 나와 언니에게 치유의 시간을 만들어 준 오영희 교수님께 감사의 인사를 드린다.

– 서지수[1]

1) 이 책에 제시된 사례들은 대학생들이 『상처의 덫에서 행복의 꽃 피우기–용서와 화해 실천서』(오영희, 2015)를 읽고 쓴 용서 보고서를 바탕으로 한 것입니다. 그러나 필요한 경우에는 사례를 재구성하거나 내용을 보충하기도 하였습니다. 사례에 나오는 모든 이름은 가명입니다.

안녕하세요 교수님! 2020년도 1학기에 교수님 과목을 수강하였던 최정민입니다. 다름이 아니라 스승의 날이라 감사함을 표하고 싶어 메일을 쓰게 되었습니다. 강의를 듣고, 용서하는 것과 용서구하는 것에 대해 알면서 그것에 대해 실천할 수 있었던 과제가 저에게는 많은 도움이 되었습니다. 어머니에게 남아 있던 미운 감정을 해소할 수 있었고, 그 덕분에 1년이 흐른 현재도 어머니와 좋은 관계를 유지하고 있으며, 어머니와 여행도 다니면서 후회 없고 행복한 삶을 사는 것 같습니다. 잊지 못할 강의였고, 강의를 듣게 되어 영광이었습니다. 기회가 되면 교수님 강의를 다시 듣고 싶습니다. 유익하고 좋은 강의 감사했습니다.

– 최정민

이 책의 제목인 『악마 같은 친구를 보았다』는 대학교 2학년 학생이 쓴 용서 보고서의 제목입니다. 그 보고서를 읽으면서 나는 학교폭력의 영향이 얼마나 심각한지를 절실하게 느낄 수 있었습니다. 그 학생은 중학교 1학년 때 악마 같은, 자신에게는 악마보다 더 끔찍하게 느껴지는 친구를 만나서 왕따와 심한 괴롭힘을 당했습니다. 그 때문에 중학교 1학년 때의 기억이 완전히 사라졌고 그 후의 대인관계에서도 많은 어려움을 겪었습니다.

이 학생의 경우처럼 우리는 살아가면서 인간관계에서 심각한 상처를 받을 때가 있습니다. 부모님에게서 폭언을 듣고 폭행을 당하거나, 학교폭력을 겪거나, 믿었던 사람에게서 배신을 당하는 경우처럼 부당하게 다른 사람에게서 큰 상처를 받는 경우가 있지요.

이러한 큰 상처는 우리의 삶에 크게 두 가지 방향으로 영향을 미칠 수 있습니다. 첫 번째는 부정적인 영향으로 대인관계에 대한 분노와 불신을 불러일으키고 심지어는 외상 후 스트레스 장애, 우울 등의 정신장애가 생겨납니다. 두 번째는 긍정적인 영향으로 상처를 잘 해결하면 치유가 되고 더 나아가서 한 차원 더 성숙해지는 외상 후 성장으로 나아갈 수 있습니다.

용서는 대인관계에서 생겨나는 부당하고 깊은 상처를 효과적으로 해결해 주는 적극적인 자기치유와 자기회복의 문제해결 방법입니다. 더 나아가서 상처를 받기 전보다 훨씬 더 성장하고 발달하는 외상 후 성장을 달성하게 해 줍니다. 그럼에도 많은 사람이 일상생활에서 용서를 실천하는 데 어려움을 느낍니다. 왜 그럴까요?

가장 큰 이유는 상처를 직면하는 것에 대한 두려움 때문입니다. 지금까지 그냥 묻어 두고 살아왔는데 굳이 상처를 다시 꺼낼 필요가 있는지, 그 후에 그 상처를 어떻게 감당할 것인지가 두렵기 때문입니다. 그러나 마음속 깊이 묻어 둔 상처는 결코 가만히 있지 않고 어떤 방향으로든 우리에게 부정적인 영향을 미칩니다.

용서가 어려운 두 번째 이유는 용서를 잘 모르기 때문입니다. 용서에 대해서 오해하고, 또 어떻게 용서를 실천해야 하는지 구체적인 방법을 알지 못하기 때문에 용서를 회피하게 되는 것입니다.

이러한 문제를 해결하기 위해서 나는 2015년에 『상처의 덫에서 행복의 꽃 피우기—용서와 화해 실천서』라는 책을 썼습니다. 그 후에 내가 맡은 강의에서 학생들에게 그 책에 제시된 용서하기 또는 용서구하기의 과정을 실천하고 나서 용서 보고서를 쓰게 하였습니다. 학생들이 제출한 여러 가지 종류의 심리보고서를 통해서 많은 학생이 대인관계에서 받은 상처로 힘들어하고 있다는 것을 알게 되었고, 학생들이 용서를 실천하면서 대인관계의 상처에서 벗어나 성장하는 방법을 학습하기를 바랐기 때문입니다.

앞에서 제시한 두 개의 글은 용서 보고서를 작성한 학생들이 쓴 것입니다. 지수는 중학교 때 선배 언니에게서 받은 상처 때문에 오랫동안 아파하다가 용서를 실천해 보면서 우리의 삶에서 상처가 일상인 것을, 그리고 용서를 통해 상처를 치유하고 성장할 수 있다는 것을 깨달았습니다. 정민이는 용서를 통해 엄마와의 오랜 갈등과 미움을 잘 해소하였고 1년 뒤 스승의 날에 내게 감사의 글을 보낼 정도의 여유까지 생겼습니다. 두 사람이 용서를 만나게 된 것이 얼마나 다행인지요!

학생들의 용서 보고서를 읽으면서 가끔 눈물이 날 때가 있습니다. 학생들이 얼마나 아픈 상처를 받았는지 보면서 눈물이 나고, 그 아픈 상처에 힘들게 직면하고 용서를 통해 상처를 이겨 냄으로써 놀라운 치유와 성장의 길로 들어서는 것을 보면서 또 눈물이 납니다. 어떤 학생은 용서 보고서를 쓰기 위해 자신의 상처를 직면하는 과정이 너무 힘들어서 1주일을 펑펑 울었다고 합니다. 그리고 나서 보고서의 결론에 "이 보고서는 내 생애 가장 힘든 보고서였지만 가장 보람 있는 보고서이다."라고 쓰기도 했습니다.

학생들의 보고서에는 상처의 이야기, 용서를 통한 치유와 성장의 이야기가 생생하게 담겨 있습니다. 그 이야기들을 공유하면 사람들이 일상생활에서 용서의 필요성을 더 많이 알게 되고, 용서를 실천하는 데 구체적인 도움을 줄 수 있을 것이라는 생각이 들어서 이 사례집을 발간하게 되었습니다. 이 사례집에는 가족과 학교폭력 가해자에게서 심각한 상처를 받고 치유하는 과정을 담은 일곱 가지 사례가 수록되어 있습니다.

"나는 상처를 받은 적이 없어서 용서가 필요 없어."라고 말하는 분도 있을 겁니다. 그러나 지금까지 수백 명이 넘는 학생에게 용서 보고서를 제출하도록 했는데, 모든 학생이 상처를 가지고 있었고 용서를 통해서 성장해 나갔습니다. 처음에는 상처가 없다고 부인하던 어떤 학생은 자신의 내면을 들여다본 뒤, 많은 상처를 억압해 놓고 있었다는 것을 깨닫고 몇 날 며칠을 엄청 울었다고 합니다.

만약 당신에게 선택의 기회가 주어진다면 자신을 상처의 감옥에 가두고 계속 분노와 미움 속에 살아가겠습니까? 아니면 용서를 통해서 그 상처를 치유하고 자유롭게 날아가겠습니까? 당신이 조금이라도 용서에 대해 알고 싶은 마음이 생겼다면 지금부터 나와 함께 '용서와 외상 후 성장'의 여행을 떠나 봅시다. 그 여행은 당신을 분노와 미움의 감옥으로부터 벗어나서 훨씬 더 성장하고, 더 자유롭고 행복한 삶을 살아가게 도와줄 것입니다.

이 사례집을 발간하는 데 도움을 주신 모든 분께 감사드립니다. '한국 용서와 화해 연구회'와 '우리 민족을 위한 용서와 화해 기도회'를 함께하면서 우리나라에 용서와 화해의 씨를 뿌리고 가꾸어 온 동료들에게 감사를 드립니다. 특히 자신의 아픈 상처와 성장의 이야기를 함께 나누어 준 학생들에게 진심으로 고맙다는 말을 전합니다. 이 책을 30년 동안 덕성여대에서 만난 소중한 학생들에게 바칩니다. 우리 학생들이 용서의 따뜻한 빛과 함께 더욱 성장하고 행복하기를 기도합니다.

내 주위에서 상처 때문에 힘들어하는 사람이 있다면 이 책을 선물하세요. 여러분이 그 사람에게 해 줄 수 있는 최고의 선물이 될 것입니다.

2022년

오영희 드림

악마 같은 친구를 보았다

차례

2부 용서를 통한 외상 후 성장의 사례 분석

용서와 외상 후 성장

"용서는 다른 사람이 아니라 나 자신에게 주는 선물이다. 용서는 포기나 망각이 아니라 변화를 위한 적극적인 의지이다. 원망이나 복수심을 버리기 위해서는 그만큼 내면의 성숙이 필요하고, 내면의 성숙은 그저 얻어지는 것이 아니다."

– 고든 리빙스턴

01

용서와 외상 후 성장이란 무엇인가

1. 용서란 무엇인가

사실 나는 '용서'라는 단어를 지금껏 긍정적으로 생각하고 있지 않았다. 지금껏 겪은 일을 되돌아보면 용서라는 단어는 피해자를 위한 면죄부이고, 죄책감에 대한 회피이며, 주변의 힐난에 대한 돌파구일 뿐이었다. 예를 들어, 내가 잘못된 행동을 했을 때 부모님께서 사과하셨는데 내가 받아들이지 않고 꽁해 있었다. 얼마 지나지 않아 나는 사과했는데도 용서하지 않는 나쁜 아이가 되었고, 오히려 나중에는 정말 내가 못된 아이라는 생각이 들어서 죄책감까지 들었다. 그리고 나 역시도 이런 일들을 겪게 되면서, 이후 집에서건 밖에서건 내 잘못이 생겼을 때 정말 미안해서 사과하는 경우도 있었지만, 때로는 그 상황 자체를 모면하고 내 잘못을 덮기 위한 이기적인 방편으로 거짓된 사과를 하고 은연중에 상대방의 용서를 강요하기도 했다.

그러나 이 책을 읽고 나서 '용서'에 대한 부정적인 생각이 조금은 가신 듯했다. 좀 더 정확히 말하자면, '용서'에 대한 정의 자체가 새로 확립된 기분이다. 주변의 강요에 의해서 억지로 사과하고 용서하는 것, 순간적인 상황의 모면과 회피를 위해 억지로 사과하고 용서하는 것은 진정한 사과와 용서가 아니라는 글의 내용은 지금껏 내가 겪어 온 사과와 용서가 진정한 것이 아니라는 것을 말해 주고 있었다.

특히 용서란 상대방의 잘못은 잊고 덮어 둔 채 상대방과 잘 지내야 하는 것이라고 생각해 왔던 내게, 용서와 화해는 별개의 것이며, 내가 상대방을 용서한다고 상대가 잘못한 일에 대해 잊고 처벌하지 않는 것이 아니라는 문장이 굉장히 충격적이었던 것 같다.

그렇다면 진정한 용서란 무엇일까? 용서는 상대방에게 면죄부를 주는 것이 아니라, 자기 스스로의 내면에서 상대방을 용서함으로써 내 마음이 안정을 찾고 편안해지는 나를 위한 행위라는 것을 인지하면서 '용서하기'를 진행해 보기로 했다.

— 이은정

사람들이 용서에 대해서 회피하거나 부정적인 반응을 보이는 가장 중요한 이유는 용서에 대한 오해 때문입니다. 따라서 용서를 제대로 이해하는 것이 용서의 길에서 가장 먼저 통과해야 하는 관문입니다.

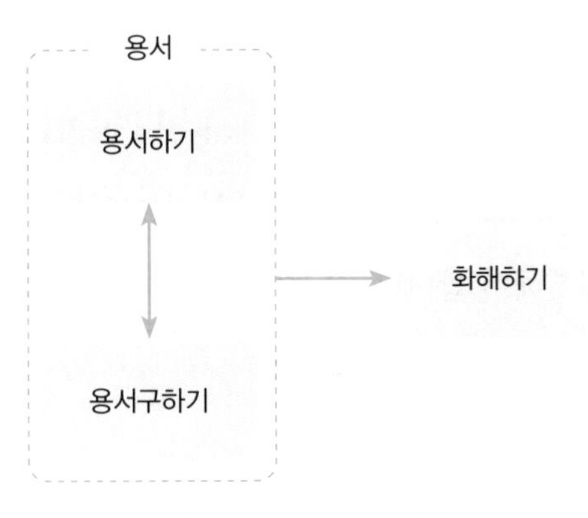

[그림 1-1] 용서와 화해의 과정

[그림 1-1]은 용서와 화해의 과정을 보여 줍니다. 일반적으로 사람들은 용서라고 하면 나에게 상처를 준 사람을 용서하는 것으로만 생각합니다. 그러나 넓은 의미의 용서에는 내가 다른 사람에게 상처를 입힌 뒤에 용서를 청하는 용서구하기도 포함됩니다. 그리고 화해로 나아가기 위해서는 용서하기와 용서구하기가 모두 필요합니다. 용서 연구의 선구자로서 지난 30년간 용서를 집중적으로 연구해 온 미국 위스콘신 대학교 교육심리학과 교수인 엔라이트 박사는 용서하기, 용서구하기, 화해하기가 용서의 삼각형을 만든다고 말합니다.

용서와 화해의 과정에서 가장 바람직한 순서는 상처를 준 가해자가 용서를 구하고, 피해자가 용서하는 과정을 거친 뒤에 화해하기로 넘어가는 것입니다. 학교폭력의 경우에 왕따를 시킨 가해자가 피해자에게 진심으로 용서를 구하고, 피해자가 용서한 다음에 두 사람이 화해하는 것이 가장 좋은 과정입니다. 그러나 상황에 따라서 용서하기와 용서구하기의 순서가 바뀔 수도 있습니다. 여기서 가장 주의할 것은 용서와 화해 작업의 순서입니다. 용서하기와 용서구하기는 순서에 상관없이 먼저 할 수 있습니다. 그러나 화해하기는 반드시 용서 작업을 하고 난 뒤에 실행해야 합니다. 용서와 화해는 다르기 때문입니다.

용서하기란 무엇인가

용서하기는 '내가 다른 사람에게서 부당하고 깊은 상처를 받은 후에 생겨나는 부정적인 반응을 극복하고, 더 나아가서 긍정적인 반응을 보이는 것'이라고 정의할 수 있습니다. 나에게 상처를 준 사람에 대한 분노, 증오, 공격적 행동 등을 극복하고 더 나아가 그 사람에게 호감이나 측은지심(惻隱之心)의 감정을 가지고 그 사람에게 잘해 주려고 노력하는 것까지 포함합니다.

용서하기를 방해하는 오해 중에서 세 가지를 점검해 보겠습니다.

◆ 용서하기와 정의실현은 다릅니다.

용서를 하게 되면 가해자의 부당한 행동을 묻어 두거나 용납해 줘야 하기 때문에, 정의실현에 방해가 된다고 오해해서 용서를 거부하는 사람들이 있습니다. 그러나 용서하기와 정의실현은 별개이고, 오히려 용서하기의 출발점이 정의실현의 출발점과 일치한다고 볼 수 있습니다. 왜냐하면 상대방이 분명히 정의에 어긋나는 일을 해서 나에게 부당한 상처를 입혔다는 것을 확인하는 데서 용서가 시작되기 때문입니다. 용서는 내가 부당하게 상처를 받았음에도 불구하고, 복수의 원리보다는 사랑과 자비의 원리로 상대방을 대하려고 노력하는 것을 말합니다. 더 나아가서 다시는 그런 부당한 일이 일어나지 않도록 또는 정의를 실현하기 위해서 내가 노력하는 것도 포함됩니다.

남편이 회사 여직원과 바람을 피워서 큰 상처를 받은 희수의 경우를 예로 들어 봅시다. 남편의 불륜은 매우 부당한 행동입니다. 여기서 남편을 용서한다는 것은 남편의 외도가 나쁘다는 것을 분명하게 인정하지만, 그럼에도 남편에 대한 분노를 표현하거나 보복 행동을 하지 않는 것을 말합니다. 그러나 부당한 일을 바로잡고 정의를 실현하는 일도 용서와 함께 추구해야 합니다. 즉, 남편의 외도에 대해서 단호하게 나쁘다고 하고, 남편의 책임을 묻고, 다시는 그런 부당한 일이 발생하지 않도록 조치를 취하는 일도 용서와 함께 이루어져야 합니다. 용서는 하지만 필요하다면 이혼을 할 수도 있습니다.

◆ 용서하기와 화해하기는 다릅니다.

용서하기와 화해하기가 같은 것으로 오해하고, 용서를 하게 되면 상대방을 만나고 잘 지내야 하기 때문에 용서를 주저하는 사람들이 있습니다. 예를 들어, 매 맞는 아내가 남편을 용서하게 되면, 남편과 화해하고 같이 살아야 한다고 생각하기 때문에 용서를 두려워하고 망설이는 것입니다.

그러나 용서하기와 화해하기는 다릅니다. 용서하기는 상대방과 관계없이 내 안에서 진행되는 내적인 과정인 반면, 화해하기는 상대방과 함께 노력하며 상호신뢰와 관계를 회복하는 대인관계적인 과정입니다. 또한 용서하기는 무조건적으로 할 수 있지만, 화해하기에는 조건이 있습니다. 다시 말해서 용서하기를 통해 내적으로 치유되는 데는 조건이 필요하지 않지만, 화해하기 위해서는 신체적인 안전, 가해자의 용서구하기, 화해 의도, 상호신뢰 등의 조건이 필요합니다.

특히 가정폭력이나 데이트 폭력처럼 심각한 신체적 위험이 있는 경우에는 화해를 위해서 상대방의 진심 어린 반성과 사과뿐만 아니라, 폭력의 재발을 방지하는 여러 가지 안전조치들이 확실하게 보장되어야 합니다. 그렇지 않은 상황에서 성급하게 화해를 하게 되면, 피해자가 다시 폭력을 당할 수도 있고, 최악의 경우에는 가해자에게 보복살인까지 당하는 경우도 있습니다.

◆ 진정한 용서하기는 무조건적으로 일어납니다.

많은 사람이 가해자의 사과나 피해 보상 같은 조건이 충족된 후에야 용서할 수 있다고 생각합니다. 그러나 사과나 보상이 용서하는 데 도움이 되기는 하지만, 그것이 꼭 있어야 용서할 수 있는 것은 아닙니다. 진정한 용서는 사과나 보상이 없어도 사랑, 자비, 동정의 마음에서부터 무조건적으로 일어납니다.

사과와 보상을 요구하는 조건적 용서는 오히려 피해자에게 좋지 않습니다. 왜냐하면 피해자가 더욱더 깊이 상처의 덫에 빠지게 만들기 때문입니다. 앞서 제시한 예에서 바람을 피운 남편이 진심으로 사과해야 용서할 수 있다고 한다면, 희수는 남편의 행동을 계속 살피게 되고, 남편이 사과하기 전까지 계속 상처를 받아야 하며, 더 나아가 남편이 사과하지 않으면 또 다른 상처를 받게 될 수도 있습니다.

용서는 무조건적으로 상대방과 관계없이 내안에서 스스로 만들어 내는 자발적이고 자유로운 행동입니다. 무조건적인 용서는 조건적 용서보다 더 성숙한 용서로서 내가 스스로 자유롭게 용서를 실천할 수 있게 해 줍니다.

용서구하기란 무엇인가

용서구하기는 '내가 다른 사람에게 부당하고 깊은 상처를 입히고 난 다음에 생겨나는 부정적인 반응을 극복하고, 더 나아가서 긍정적인 반응을 보이는 것'을 말합니다. 용서구하기의 가장 대표적인 활동은 사과하기입니다. 사과는 상처를 입힌 가해자가 피해자에게 단순히 "미안해. 잘못했어."라고 말만 하면 되는 것이 아닙니다. 상황을 모면하기 위한 형식적인 사과는 오히려 상처를 더욱 악화시킵니다. **좋은 사과에는 공감 표현, 잘못 인정, 보상, 재발 방지, 용서 부탁이라는 5요소가 포함되어야 합니다.**[1)]

1) 좋은 사과에 대한 자세한 내용은 『사과를 통한 치유와 성장–초 · 중 · 고등학생들을 위한 사과 교육 프로그램–』(한국 용서와 화해 연구회 편, 2020)을 참고하세요.

용서와 화해의 과정에서 가장 바람직한 순서는 상처를 준 가해자가 용서를 구하고, 피해자가 용서하는 과정을 거친 뒤에 화해하기로 넘어가는 것입니다. 왕따를 주도한 가해자가 피해자에게 진심으로 용서를 구하고, 피해자가 용서한 다음에 두 사람이 화해하는 것이 가장 좋은 과정입니다. 그러나 상황에 따라서 용서하기와 용서구하기의 순서가 바뀔 수도 있습니다. 예를 들어, 엄마에게 '쓰레기'라는 심한 욕을 들은 어떤 학생은 용서 보고서를 쓰기 위해서 엄마에 대한 용서를 시작하였고, 그 과정에서 엄마와의 대화를 통해 엄마의 사과를 받으면서 더 빨리 용서하고 화해하게 되었습니다. 여기서 다시 주의할 점은 용서하는 데 사과가 반드시 있어야 하는 것은 아니고 진정한 용서는 무조건적으로 일어난다는 것입니다.

2. 용서는 왜 필요한가[2)]

용서하기의 필요성

나에게 깊은 상처를 준 사람을 용서하는 것은 어려운 일입니다. 어떻게 보면 '눈에는 눈, 이에는 이'로 상대하는 복수가 더 쉽고 속이 후련할 수도 있습니다. 누가 나를 때리면 나도 때리고, 나에게

2) 자세한 내용은 『상처의 덫에서 행복의 꽃 피우기』(오영희, 2015)를 참고하세요.

욕을 하면 나도 욕을 하고. 이게 더 쉽고, 더 정당하고, 더 속이 시원하지 않을까요? 그런데 왜 힘들게 용서를 해야 할까요?

◆ 용서하기는 나의 내적인 치유와 회복을 위해서 필요합니다.

용서하기는 적극적인 자기치유와 자기회복의 방법으로, 한 개인이 부당하게 받은 깊은 상처를 치료하고, 건강하고 행복한 삶을 살도록 도와줍니다. 과학적 연구를 통해서 용서하기는 분노, 우울, 불안, 상처를 준 사람에 대한 집착을 감소시켜 주고, 희망, 자아존중감, 정서적 안정성을 높여 주는 것으로 나타났습니다. 더 나아가 용서는 신체 건강도 향상시켜 줍니다.

◆ 용서하기는 바람직한 대인관계를 위해서 필요합니다.

용서하기는 갈등과 상처로 인해 파괴된 인간관계를 회복시켜 줌으로써 좋은 대인관계가 계속될 수 있게 도와줍니다. 용서는 갈등상황에 있는 부부관계와 가족관계를 개선해 주는 것으로 밝혀졌습니다. 심지어 가족을 잔인하게 살해한 살인범을 용서한 유가족들이 살인범과 화해를 시도하기도 하고, 더 나아가서 사형제도 폐지와 회복적 사법 운동에 참여하기도 합니다.[3]

---

3) 회복적 사법/정의(restorative justice)는 특정 범죄와 관련된 모든 당사자(피해자, 가해자, 가족 등)가 함께 참여하여 범죄로 인한 피해와 후유증을 회복하는 방식으로 해결하려는 새로운 시도입니다. 특히 『세상에서 가장 아름다운 용서』라는 책에는 살인사건 유가족들이 용서를 통해 치유되고 회복적 정의를 실천하는 사례들이 감동적으로 묘사되어 있습니다(King, 2003/2006).

◆ 용서하기는 바람직한 사회 공동체를 위해서 필요합니다.

용서하기는 개인 간에 일어나는 갈등뿐 아니라 종교, 지역, 국가 간에 일어나는 갈등을 치료하고 공동체를 회복하기 위해서 필요합니다. 남아프리카공화국의 넬슨 만델라는 용서를 통해 자신뿐만 아니라 나라까지 치유한 용서의 영웅입니다. 만델라는 27년간의 감옥 생활에서 벗어나 최초의 흑인 대통령이 된 후에 '진실과 화해 위원회'를 만들어서, 오랫동안 지속된 심각한 흑백 인종갈등을 용서와 화해를 통해 치유했습니다. 이 위원회에서는 인종차별 시절에 폭력을 휘둘렀던 가해자가 고백과 사과를 하는 경우에는 사면해 주고, 피해자에게는 위로와 보상을 실시했습니다. 당사자 간의 용서구하기와 용서하기가 부족하다는 비판을 받기는 했지만, 그럼에도 남아프리카공화국은 오랜 세월 지속되었던 심각한 인종갈등을 해결하고 평화를 만들어 갈 수 있었습니다.

현재 우리나라에도 정치적 갈등, 이념적 갈등, 지역적 갈등, 종교적 갈등 등이 많이 생겨나서 사람들이 서로 미워하고, 화내고, 상처를 주고받고 있습니다. 그래서 이제는 우리나라에서도 국가적 차원에서 우리 사회의 갈등과 상처를 치유하기 위해서 어떻게 용서를 활용할 것인지에 대한 체계적인 논의가 매우 필요합니다.

요약하면, 용서하기는 상처받은 사람의 정신과 신체 건강에 매우 도움을 주는 것으로 나타났습니다. 더 나아가서 상처로 파괴된 대인관계와 사회 공동체까지 회복시켜 줄 가능성이 높습니다. 당신은 누군가에게서 받은 상처로 아파하고 있습니까? 이제는 더 이상 그 상처에 얽매이지 않고 치유되고 싶지 않으신가요? 그렇다면 용기를 내어 용서를 시도해 보십시오.

용서구하기의 필요성

자신의 잘못을 인정하고 용서를 구하는 것은 매우 어렵고 자존심이 상하는 일입니다. 오히려 그냥 묻어 두고 넘어가는 것이 더 마음 편할 수도 있습니다. 그런데 왜 굳이 용서구하기가 필요할까요?

◆ 많은 경우에 상처는 쌍방적이어서 용서하기뿐만 아니라 용서구하기도 필요합니다.

『상처의 덫에서 행복의 꽃 피우기』에 제시된 선희의 사례를 보면 사춘기 때부터 선희의 거센 반항은 엄마에게 상처를 주었고, 그 때문에 엄마는 화가 나서 선희를 더 많이 혼내게 되었습니다. 수능 직후 사건만 해도 엄마가 선희를 심하게 혼내니까, 선희는 가출해서 엄마에게 상처를 주었습니다. 이 경우에 선희와 엄마는 서로에게 용서를 구하고 용서를 하는 것이 모두 필요합니다.

◆ 용서구하기는 피해자의 용서하기를 도와줍니다.

선희의 사례에서처럼 엄마가 먼저 용서를 구하면, 선희가 반성하고 후회하는 엄마의 마음에 어느 정도 공감하게 되면서 엄마를 피하거나 보복하려는 마음이 줄어들게 되고, 엄마를 용서하는 것이 쉬워집니다.

◆ 용서구하기는 상처를 준 가해 당사자의 치유와 발달에 도움을 줍니다.

가해자는 피해자에게 용서를 구하면서 죄의식과 수치심에서 벗어나고, 인간에 대한 중요한 통찰도 얻게 됩니다. 또한 다른 사람에게 공감하고, 자기 행동에 대한 책임을 지며, 자기와 다른 사람을 용서하는 것 등을 더 잘하게 됩니다.

◆ 용서구하기는 상처로 인해 파괴된 대인관계를 개선시켜 줍니다.

가해자가 용서를 구하면 피해자가 용서하기가 쉬워지고 결과적으로 화해의 가능성도 높아지게 됩니다. 선희 엄마가 용서를 구하면, 선희가 용서하는 것이 쉬워지고, 두 사람이 화해할 가능성이 커지는 것입니다.

◆ 용서구하기는 사회 공동체를 위해서도 필요합니다.

학교폭력이 발생하면 당사자뿐만 아니라 학교라는 공동체가 파괴됩니다. 이때 가해자가 용서를 구하고, 피해자가 용서하면서 화해까지 이루어지면, 파괴되었던 학교 공동체도 회복됩니다. 앞에서 언급한 남아프카공화국의 '진실과 화해 위원회'에서 실시한 용서와 화해의 작업 중 첫 단계는 폭력을 사용했던 가해자가 고백과 사과를 통해서 용서를 구하는 것이었습니다.

3. 외상 후 성장이란 무엇인가

우리는 살아가면서 가끔 매우 힘든 일을 겪을 때가 있습니다. 학교폭력, 입시나 취업 실패, 경제적 위기, 심각한 질병, 불의의 사고, 믿었던 사람의 배신 등으로 인해서 자신의 삶이 통째로 흔들려 버리는 경험을 하게 됩니다. 심리학에서는 그러한 경험을 외상(trauma)이라고 합니다. 그동안 외상과 관련한 연구들은 외상이 주는 부정적인 영향만을 다루었습니다. 외상 후 스트레스 장애라는 말을 들어 보셨죠? 요즘 대중에게 많이 알려진 정신장애인 외상 후 스트레스 장애는 외상을 경험하고 나서 나타나는 다양한 증상을 포괄합니다. 불안 또는 무감각, 불면, 일시적 기억상실, 주의집중 곤란, 공황발작 등이 나타나서 생활하기가 매우 힘들어집니다.[4]

그러나 '전화위복(轉禍爲福)' 또는 '비 온 뒤에 땅이 굳는다'라는 말도 있습니다. 이 말들은 외상이 오히려 우리에게 도움이 될 수도 있다는 것을 알려 줍니다. 이와 관련해서 최근에 심리학에서는 외상의 긍정적 효과인 '외상 후 성장'에 대해서 관심을 가지게 되었습니다.

---

4) 외상 후 스트레스에 대한 정보:
https://terms.naver.com/entry.nhn?docId=2094313&cid=41991&categoryId=41991

외상 후 성장이란 '심각하게 위협해 오는 삶의 위기들에 대해 투쟁하여 얻어 내는 긍정적 변화'를 말합니다.[5] 즉, 나에게 닥친 삶의 위기를 벗어나기 위해 노력하는 과정에서 오히려 내가 성장하게 되는 것입니다.

외상 후 성장을 하게 되는 영역을 자세히 살펴보면 다음과 같습니다(김교헌, 2010).

◆ 삶에 대한 더 큰 감사와 우선순위에서의 변화

감사는 외상 후 성장의 핵심 열매입니다. 인생의 큰 위기를 극복하는 과정에서 사람들은 자신의 삶에 대해서, 심지어는 아주 사소한 일조차도 감사하는 마음을 가지게 됩니다. 그리고 인생에서 중요한 것이 무엇인지를 생각하는 방식이 변화하게 됩니다. 예를 들어, 암 선고를 받고서 힘들게 이를 이겨 낸 40대 가장 수호 씨의 경우에 자신의 삶이 얼마나 소중한지를 깨닫고 감사하게 되었으며, 자신의 일보다 가정을 더 중시하게 되었습니다.

◆ 좀 더 친밀하고 의미 있는 대인관계의 확장

외상을 이겨 내는 과정에서 사람들은 다른 사람에 대한 신뢰, 공감, 연민이 증가하고, 사회적 지지를 주고받는 능력이 커집니다. 수호 씨는 암을 극복하는 과정에서 가족과 친구들의 소중함을 더

5) 『젊은이를 위한 정신건강』(김교헌 외, 2010, p. 314). 이 책에서는 독자들의 편의를 위해서 직접 인용하는 경우에만 참고문헌을 밝히고 주로 달았습니다. 이 책에서 참고한 다른 책들은 뒤의 참고문헌 목록에만 제시하였습니다.

욱 느끼게 되었고, 더 나아가 주위에서 힘들게 살아가고 있는 다른 사람들에 대한 관심과 연민도 새로 생겨나게 되었습니다.

◆ 개인의 역량에 대한 느낌 증가

외상과 싸우고 이겨 내면서 당면한 일을 명확하게 이해하는 능력이 생겨나고, '내가 이 엄청난 일을 해냈으니 다른 일들도 할 수 있다!'는 자신감이 생겨납니다. 그 과정에서 미처 생각해 보지 못했던 자신의 강점과 역량들을 발견하게 됩니다. 수호 씨는 암을 극복하면서 자신의 능력과 가능성에 대해서 많이 알게 되고, 어떤 일도 해낼 수 있다는 자신감을 가지게 되었습니다.

◆ 자신의 삶에 대한 새로운 가능성과 방향에 대한 재인식

외상을 극복하는 과정에서 사람들은 새로운 흥미와 활동을 발견하게 되고, 자신의 진로를 전환하는 등 삶의 새로운 가능성과 방향을 찾게 되기도 합니다. 수호 씨는 지금까지 일에만 파묻혀 살던 자신의 삶을 반성하고, 자신과 가족을 위해서 보다 더 좋은 삶을 살 수 있는 새로운 길을 찾아보게 되었습니다.

◆ 영적인 발달

상상도 못했던 위기상황을 경험하면서 사람들은 자신의 한계와 현실을 직면하게 되고, 절대적인 존재에 대해서 깊이 생각해 보게 되며, 세상에 대한 통찰과 초월감을 경험하는 기회를 가지게 됩니다.

수호 씨도 암을 직면하고 이겨 내면서 왜 자신이 이런 어려움을 겪어야 하는지, 자신이 어떤 존재인지, 삶이 무엇인지 등에 대해서 깊이 생각해 보며 영적으로 성숙해지는 기회가 되었습니다.

02
용서를 통해 어떻게 외상 후 성장을 할 수 있을까

용서는 대인관계에서 부당하고 깊은 상처를 받는 외상이 생겼을 때 이를 가장 잘 해결하고 성장할 수 있는 방법입니다. 그렇다면 용서를 통해 외상을 해결하는 과정에서 어떤 성장을 하게 될까요?

다음에 제시하는 정희의 사례는 용서를 통해서 어떻게 외상 후 성장을 달성할 수 있는지를 잘 보여 주는 사례입니다. 정희는 용서 보고서에서 다음과 같이 결론을 내립니다.

"용서가 무엇인지 체계적으로 배우고 나의 상처를 직면하고, 나에게 용서하기를 적용해 보면서 나의 외상 후 스트레스 장애를 외상 후 성장으로 전환할 수 있었던 정말 뜻깊은 시간이었고 앞으로 쓰게 될 유일무이한 성장 보고서가 될 것 같다."

당신은 어떻게 생각하세요?

- 다음 질문에 대한 당신의 답변을 정리하면서 사례를 읽으면 사례를 이해하고 활용하는 데 도움이 됩니다.

1. 이 사례의 당사자는 누구에게서 어떤 상처를 받았나요? 그 영향은 무엇인가요?

2. 용서를 통해 어떻게 치유되고 성장하게 되었나요?

3. 이 사례에서 가장 당신의 마음에 와닿은 것은 무엇인가요?

상처 위, 꽃을 피우기 위한 밑거름 만들다 _ 강정희

1. 내가 가진 상처의 덫

2016년, 17세 때 친구 관계에서 크게 상처를 받았다. 모두 어색했고 새로웠던 첫 고등학교, 처음 나에게 다가왔던 친구의 배신은 세상이 무너지는 듯한 충격을 주었다. 등교 첫날 A가 먼저 다가왔고, 그 후 나는 반 친구들을 다 둘러보고 탐색할 시간을 갖지 못한 채 A가 만든 무리에 속하게 되었다. 그러나 얼마 후, 나는 A가 나와 대화하는 것을 불편해한다는 느낌을 받았다. 또한 분반 수업 시 나를 제외한 다른 무리와 다니며 나를 소외시켰다.

당시에 내가 할 수 있는 최선의 방법은 대화뿐이라고 생각했기에 나는 A와 이야기를 나눴다. A가 나에게 사과를 했고 나도 잘못한 부분에 대해서는 사과했다. 그래서 나는 우리가 화해했다고 생각했다. 그러나 그날 밤 나는 A의 사과가 진심이 아니었음을 알게 되었고, A는 오히려 내가 모든 것을 잘못한 사람으로 만들어 버렸다. 나는 더 큰 상처를 받았고 기대와 달리 대화는 상황에 큰 도움이 되지 않았다. 결국, 이 상황은 나에게 큰 상처로 남았으며 지금까지 그 상황과 친구를 용서하지 못했다. 나는 미안하다며 용서를 구하는 상대가 진심이 아닐 수도 있다는 것을, 화해가 진심으로 이루어지지 않을 수 있다는 것을 알게 되었다(ⓐ).

17세, 친구 관계로 인한 큰 상처는 트라우마로 남게 되었다. 우울해서 밤에 잠도 못 자고 식욕이 줄어 살까지 빠졌다. 이후 자잘한 인간관계를 형성할 때도, 그때와 같은 상황이 조금이라도 발생하거나 누군가가 나를 별로 좋아하지 않는 듯한 느낌을 받으면, 온종일 신경이 쓰이고 예민하게 변하며 한없이 소심해지는, 방어기제로 퇴행을 이용하는 나를 발견했다(ⓑ). 이를 통해, 17세에 받았던 상처가 잘 아문 것이 아님을 알 수 있었다. 잘 맞지 않는 친구를 만나거나 분위기가 묘하다고 생각하면 몸이 먼저 반응하고, 17세의 일이 떠오르는 것을 통해 외상 후 성장을 이루지 못하고 계속 17세에 영혼이 머물러 있다고 생각했다. 상처는 덫이 되어 이후 나의 인간관계에 끊임없이 영향을 주고 있다.

Point!

ⓐ 정희는 17세 때 친구와 갈등을 겪으면서 용서와 화해에 대해서 잘못된 개념을 형성하게 되었습니다. 친구가 거짓으로 용서를 구할 수도 거짓으로 화해할 수도 있다는 것을 알게 되었고, 그 결과 인간관계에 대한 불신이 트라우마로 남게 되었습니다.

ⓑ 학교폭력으로 인한 상처는 그 당시뿐만 아니라 계속해서 이후의 인간관계에도 부정적인 영향을 미친다는 것을 잘 보여 주고 있습니다. 정희의 경우에는 자기를 보호할 수 있는 자아방어기제로 퇴행을 사용했는데, 대인관계에서 불안한 상황이 발생하면 17세 때의 트라우마 상황으로 몸과 마음이 퇴행하게 되어서 매우 힘들어했습니다.

2. 용서하지 않은 이유

앞서 말했듯이, 난 나에게 상처를 준 무리와 화해를 했다고 생각했지만, 화해는커녕 더욱더 큰 상처를 받았다. 이후, 화해가 진실하지 않을 수 있다는 것을 알았다. 따라서 미안하다고 사과하거나, 사과를 받아 주는 행위 또한 진심이 아닐 수 있다는 결론을 내리게 되어 용서해 주고 화해하는 것이 부질없는 일이라고 생각했었다.

하지만 『상처의 덫에서 행복의 꽃 피우기』를 읽으면서 화해하기, 용서하기의 본질이 잘못된 것이 아닌, 내가 화해하기의 뜻과 방법을 정확히 몰랐기에 더 크게 상처받은 것임을 알 수 있었다. 또한 '용서하기' 개념에 대한 오류가 있었다. 나는 나에게 상처를 준 친구가 나에게 먼저 진심을 담아 사과를 해야만 용서해 줄 수 있다고 생각했다. 또한 내가 용서하기를 진행하면 그 친구의 비윤리적인 행동이 모두 사라지고 미화된다고 생각했기에 용서하지 않았다(ⓒ).

하지만 용서하기는 적극적인 치유와 회복의 방법이라는 것, 부당하고 깊은 상처를 받은 후에 생겨나는 부정적인 반응을 극복하는 적극적인 자기치유와 자기회복의 방법이며 결국 내가 더 행복하고 건강한 삶을 살 수 있게 도와주는 방법이라는 것을 책을 통해 알 수 있었다.

이 책을 통해 용서하기가 결국 나의 치유, 나의 회복, 나의 앞으로의 대인관계를 위한 것임을 알 수 있었기에 용서하는 방법을 알기만 하고 넘기기보다 직접 나에게 적용해서 적극적으로 나를 치유해야겠다는 생각을 하게 되었다. 누군가를 용서하는 것이 처음이라 책에 제시된 실습지를 따라 적용했고 책에서 소개해 준 다양한 전략을 사용했기에 용서하기를 진행하는 기간이 예상보다 많이 소요되었다.

Point!

ⓒ 많은 사람이 용서를 힘들어하는 가장 큰 이유는 용서에 대한 오해 때문입니다. 정희도 용서하려면 반드시 상대방의 진심 어린 사과가 있어야 하며, 용서하면 상대방의 잘못이 미화되는 것이라는 잘못된 생각 때문에 친구를 용서할 수 없었습니다. 그러나 앞에서 살펴본 것처럼 진정한 용서는 사과가 없더라도 무조건적으로 이루어지는 자기치유와 회복의 과정이며, 또한 용서는 잘못을 미화하는 것이 아니라 상대방이 잘못했다는 것을 정확하게 인식하는 데서 출발합니다.

3. 용서하기를 해결전략으로 스스로 선택한 계기

용서하기가 나의 치유를 위한 것임을 알기 전까지, A를 용서한다는 것은 있을 수 없는 일이었다. 하지만 이 책을 읽으면서, 오영희 교수님의 강의를 듣게 되면서, A를 대상으로 용서하기를 진행해야겠다고 결심하는 계기가 생겼다.

내가 A를 용서하기로 한 이유는 세 가지이다.

① 상처를 회복하기 위해 과거의 내가 사용했던 대처방법이 회피였음을 알게 되었다. 이는 최선의 방법이 아니었다는 것을 배워서 이를 수정하고 싶었다.

② <u>이 상처를 통해 얻게 된 인간관계에서의 외상 후 스트레스 장애를 외상 후 성장으로 전환하고 싶었다().</u>

③ 용서하기의 정의를 바르게 알았기에 더 적극적으로 나를 치유하고 싶었다.

사실, 용서하기를 진심으로 진행하게 된 가장 큰 계기는 2번이다. 오영희 교수님은 깊은 상처로 생긴 외상 후 스트레스 장애를 딛고 일어나 외상 후 성장을 이루는 것에 대해 말씀하셨다. 이 말을 통해 나를 되돌아보게 되었고 나는 아직도 17세의 상처에서 벗어나지 못했다는 것을 알 수 있었다. 외상 후 성장으로 전환하고 싶고 내가 받은 상처가 결국, 성장의 밑거름이었다는 것을 느끼고 싶었다. 용서하기가 가장 좋은 방법이라고 생각되었기에 더욱더 진심으로 A를 용서하기로 마음먹게 되었다.

언제나 순탄할 수만은 없는 인간관계가 불안정해지면 나는 매우 불안해지고 두려워진다. 그리고 이러한 원인을 모두 17세에 받은 상처로 귀결시키게 된다. 그리고 17세에 행동했던, 느꼈던 그대로 다시 행동하고 그때의 감정을 되뇌게 된다. 따라서 17세에 받았던 상처를 치유하지 않고 마음속 깊이 박아 두고 외면했던 것을 얼른 꺼내서 완벽히 치유해야겠다고 생각하게 되었다.

Point!

ⓓ 정희는 용서를 통해 외상 후 스트레스 장애를 치유하고 더 나아가서 외상 후 성장을 할 수 있다는 것을 가장 잘 깨달은 학생이었습니다. 그리고 그러한 깨달음이 정희가 용서의 힘든 과정을 시작할 수 있는 강력한 동기가 되었습니다. 이 책을 쓴 목적도 바로 이것입니다. 독자들이 용서를 통해 외상 후 성장을 할 수 있다는 것을 통찰하면서 자신의 삶에서 용서를 실천해 보는 동기를 가지게 되는 것입니다.

4. 진정한 용서하기 전략 실천하고 평가하기

17세에 크게 상처받은 일 뒤로, 대부분 인간관계에서 조금이라도 불안해지면 항상 17세의 나로 퇴행하는 행동을 했다. 앞으로 다양한 사람을 만나게 될 것인데 그때마다 17세의 감정에 지배되고 싶지 않았기에 책에서 소개한 진정한 용서하기 전략을 최선을 다해 적용했다. 따라서 적용하지 않은 전략을 제외하면 전부 다 실천 점검표에서 높은 점수를 받았다(정희의 용서하기 전략 실천내용은 생략함).

5. 화해의 가능성 열기

화해는 용서하기와 용서구하기가 이루어진 후에 가능하다. 용서하기와 용서구하기는 본인 혼자 진행할 수 있지만, 화해하기는 상호가 노력해야

하기 때문이다. 내가 다양한 전략을 실천하면서 A를 용서하였음에도 가해자인 A가 용서를 구할 준비가 되어 있지 않을 수 있다. 가해자인 A가 용서를 구하고 관계를 회복시키기 위해 노력하지 않는다면 화해할 수 없다. 현재는 A가 외국에 있기 때문에 만날 방법이 없으며 혹여나 SNS로 화해의 여부가 있는지 묻게 된다면 이는 용서구하기를 진행할 의사가 없는 상대방에게 화해나 용서구하기를 강요하는 것으로 들릴 수 있다. 이는 A나 나에게도 상처가 될 수 있음을 인지하였기에 지금 섣불리 화해하기를 진행하는 것은 큰 부담이 있다고 생각한다.

A에게 상처받은 만큼 나는 계속해서 A와의 교류를 피해 왔기에 A에게 용서구하기를 실행할 의지가 있는지, 화해의 의지가 있는지 지금은 알 수 없다. 하지만 내가 먼저 용서하기를 진행한 만큼 앞으로 A를 보게 된다면 웃으면서 안부를 물을 수 있게 되었다. 추후에 서로 안부를 묻게 된다면 화해를 통한 신뢰적 관계를 충분히 만들어 나갈 수 있다고 생각한다.

지금은 비록 용서하기가 화해하기까지 이어지지는 못했지만, 용서하기와 이를 통한 나의 발전은 앞으로 화해하기가 실행될 수 있다는 가능성을 열어 준 것 같다.

6. 다시 알게 된 나, 기대되는 성장

용서하기가 빨리 진행되지 않는다는 것은 알고 있었으나, 성장을 위해 진심으로 실천하다 보니 예상보다 용서하기를 진행하는 시간이 오래 걸려서 놀랐다. 그래도 용서하기를 진행하면서 내가 어떤 사람인지, 어떤 것에 상처를 받았는지 세세하게 파악할 수 있었다. 나는 17세에 정말 크게 상처를 받았었고, 그 후 어떻게든 좋은 친구들을 사귀고 행복하게 학교생활을 하기 위해서 선택했던 방법이 회피와 합리화였다는 것을 알 수 있었다. 5년이나 지났지만, 용서하기를 진행함으로써 지금에서야 내가 상처를 치유하기 위해 사용했던 방법이 옳지 않은 방법임을 알게 된 것이다.

상처를 그저 회피와 합리화라는 천에 덮어 마음 한곳에 깊게 묻어 두었던 것이기에 아직도 치료되지 않아 곪아 버린 것이고, 이 상처를 다시 꺼내는 것이 처음에는 힘들었다. 하지만 이 보고서를 통해 내가 받은 상처가 영원한 트라우마로 남는 것이 아니라, 나를 성장시키는 밑거름이 될 것임을 알 수 있었다. 그리고 내가 받은 상처가 나에게 어떤 영향을 주었는지 생각하게 되었다. 나는 이 상처로 인해 대인관계가 조금이라도 난항을 겪게 되면 방어기제로 퇴행을 선택해 왔던 것이다. 인간관계에 어려움을 겪을 때마다 이 상황이 모두 17세에 나에게 상처를 준 사건과 같은 결론이 날 듯하고, 나에게 상처 주는 사람의 유형은 다 같을 것이며, 그때 느꼈던 불안함과 초조함, 소외감 등이 되풀이될 것 같았다. 그래서 17세의 내가 행동했던 그대로, 과거의 단계로 다시 돌아간 것이다. 상처를 통해 얻은 외상 후 스트레스 장애와 퇴행 행동은 절대 사라지지 않고 계속해서 날 따라다니리라고 생각했다.

하지만 이 보고서를 통해 진심으로, 진정으로 용서하기를 도전해 봄으로써 결국, 용서하기를 활용하면 내가 받은 상처들이 전부, 행복의 꽃을 피우기 위한 밑거름이 될 수 있다는 것을 알게 되었다. 용서하기를 하는 방법을 정확하게 알게 된 것만으로도 정말 행운이라고 생각하는데, 실제로 오랜 시간을 들여 용서하기를 해 보니까, 마음이 한결 가벼워지고 상대를 측은하게 바라볼 수 있게 되었다.

그리고 용서하기를 통해, 인간관계 측면에서 내가 성장했음을 느꼈다. 앞으로 인간관계에 난항을 겪는다면 그때마다 초조해지고 불안해하며 퇴행하는 내가 아닌, 더욱더 능숙하게 상대를 이해하고 새로운 맥락에서 객관적으로 나를 파악할 수 있는 보다 성장한 내가 될 것이라고 확신할 수 있다(ⓔ).

용서가 무엇인지 체계적으로 배우고, 나의 상처에 직면하여 나에게 용서하기를 적용해 보면서 외상 후 스트레스 장애를 외상 후 성장으로 전환할 수 있었던 정말 뜻깊은 시간이었고 앞으로 쓰게 될 유일무이한 성장 보고서가 될 것 같다.

Point!

정희는 용서를 통해 인간관계에서 많이 성장하였습니다. 관계에서 문제가 생겼을 때 초조하고 불안해하는 17세로 퇴행하는 것이 아니라 더욱더 능숙하게 상대를 이해하고 공감하며 객관적으로 자신을 바라볼 수 있는 어른으로 성장하게 된 것입니다. 학교폭력으로 인한 후유증 때문에 대학에 와서는 혼자 다녀도 되니까 편하다면서 거의 모든 인간관계를 회피하는 학생을 본 적이 있습니다. 대학에서 동기, 선후배, 교수 등과 맺는 인간관계가 앞으로 그 학생의 삶에서 든든한 사회적 자원이 되고 행복의 밑바탕이 될 터인데 그 모든 것을 거부하는 그 학생이 참 안타까웠습니다. 이런 점에서 정희가 용서를 통해 학교폭력의 후유증을 극복하고 외상 후 성장을 하게 된 것은 누구보다도 정희 자신을 위해서 정말 다행스러운 일입니다.

용서를 통한 외상 후 성장의 사례 분석

과거에 매몰되어 미래를 살지 못하는 사람을 많이 보았다. 그런 사람들에게 이 책을 꼭 추천해 주고 싶다. 내가 경험했고, 체험했고, 행복해졌기에 더 확실하게 추천한다. 용서를 두려워하지 말고 적극적으로 '용서'하자.

– 서지수, 대학생, 사례 6

03

어떻게 용서해야 할까

오랫동안 용서는 철학적 또는 종교적 영역에서 다루어져 왔습니다. 그러다 보니 용서는 추상적이고 관념적인 개념에 머물러 버렸고, 사람들은 일상생활에서 구체적으로 어떻게 용서해야 하는지에 대해 알지 못했습니다. 그래서 용서는 매우 어려운 일로 생각되었죠.

그러나 1980년 중반부터 용서에 대한 심리학적 접근이 시작되었고, 이제는 과학적인 경험자료에 근거해서 효과적인 용서의 과정을 제시할 수 있게 되었습니다. 나는 『상처의 덫에서 행복의 꽃 피우기–용서와 화해 실천서』에서 지금까지 심리학적 연구결과를 모아서 용서하기, 용서구하기, 화해하기의 체계적인 과정을 제시했습니다. 이 과정을 차근차근 따라가다 보면 효과적으로 용서와 화해를 할 수 있습니다.

이 책에서 제시하는 용서와 외상 후 성장에 대한 사례 분석은 대학생들이 내 책에서 제시한 용서의 과정을 실천하고 쓴 용서 보고서의 내용을 분석한 것입니다. 따라서 사례들을 잘 이해하기 위해서는 용서의 과정을 대략적으로 이해하는 것이 필요합니다.[1]

1. 용서하기의 과정

[그림 3-1]에서 보듯이 용서하기의 과정은 4단계로 진행됩니다.

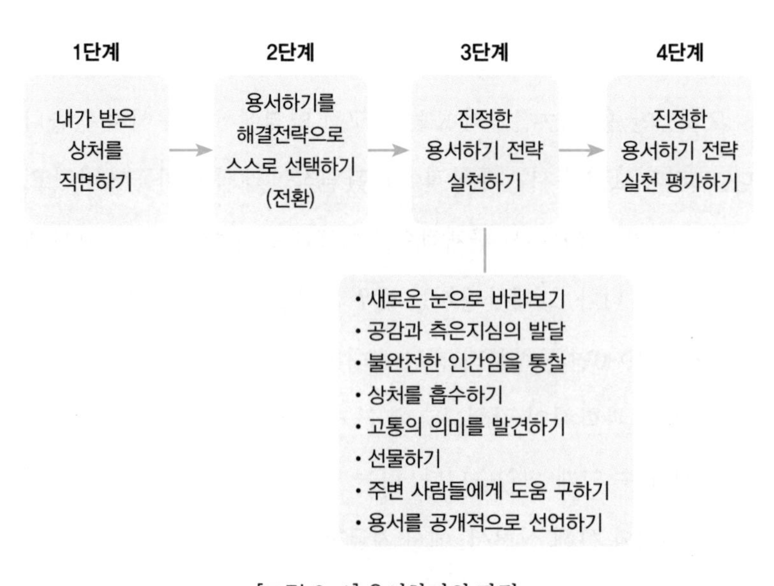

[그림 3-1] 용서하기의 과정

1) 여기서 제시하는 용서의 과정은 『상처의 덫에서 행복의 꽃 피우기』(오영희, 2015)에서 발췌한 것입니다. 더 자세히 알고 싶은 사람은 이 책을 참고하세요.

1단계: 내가 받은 상처를 직면하기

친구에게서 왕따 당한 것, 부모님에게서 폭언/폭행을 당한 것과 같이 내가 받은 상처를 직면하는 단계입니다. 이 단계에서는 내가 받은 상처와 그 상처가 미치는 부정적인 영향을 회피하지 않고 분명하게 인식해야 합니다. 이 단계는 매우 중요합니다. 왜냐하면 나의 상처와 그 영향을 제대로 인식할수록 문제해결의 필요성을 더 많이 느끼고, 용서에 대해서 생각해 보게 되기 때문입니다.

상처를 받고 화가 나면, 절대로 그 화를 감추려고 하지 마십시오. 당신의 분노, 불안, 증오, 불신 등 상처로부터 오는 부정적인 영향을 확실하게 인식하는 것이 용서 과정의 첫 번째 단계입니다. 상처를 제대로 직면하기 위해서 [부록 1]에 제시된 활동지 '상처가 내게 미치는 영향 평가표'를 활용하면 좋습니다.[2]

2단계: 용서하기를 해결전략으로 스스로 선택하기(전환)

상처를 받게 되면 많이 사용하게 되는 부정적인 해결전략으로는 회피와 복수가 있습니다.

회피는 상처를 부인하거나 회피하는 것으로 상처에 대한 일시적인 땜

2) 여기에 제시된 활동지들은 『상처의 덫에서 행복의 꽃 피우기–용서와 화해 실천서』에 실린 것이며, 이 책을 이해하는 데 필요한 활동지들만 선택해서 부록에 제시하였습니다.

질 처방이라고 할 수 있습니다. 회피하기 위해서 사람들은 자아방어기제를 많이 사용합니다. 자아방어기제는 사람들이 자신의 내적·외적 갈등을 해결하기 위해서 무의식적으로 사용하는 심리적 기제인데, 갈등이나 현실을 왜곡시켜 버려서 근본적인 갈등 해결을 방해하고 문제를 악화시키는 기제입니다.

그럼에도 실제로는 거의 모든 사람이 일상생활에서 자신을 보호하기 위해서 다양한 자아방어기제를 사용합니다. 그러나 자아방어기제를 사용하면 일시적 회피는 가능하지만, 문제를 왜곡시켜서 오히려 상처를 악화시키고 정신적·신체적 건강을 해치게 만듭니다. 상처와 갈등을 억압하고 참는 것을 미덕으로 삼아 온 우리나라의 문화적 특성 때문에 생겨난 화병이 대표적인 예입니다. 우리나라 고유의 정신장애로 분류되는 화병은 전문적 진단으로는 우울증, 불안장애, 신체화 장애(정신적인 갈등 때문에 몸에 문제가 생기는 것) 등이 혼합된 것입니다. 마음에 상처를 입어서 화가 나고, 억울하고, 무력감과 슬픔을 느끼는데 그것을 제대로 해결하지 못하고 오랫동안 참고 억제하게 되면 화병이 생겨나는 것입니다. [부록 2]에는 학교폭력을 당한 학생이 보일 수 있는 다양한 자아방어기제의 예가 제시되어 있습니다.

복수는 상처에 대해서 용서보다 더 쉽고, 후련하고, 자연스러운 반응일지도 모릅니다. 누가 나를 때리면 나도 때리고, 누가 나를 욕하면 나도 욕하는 것이 당연하고 공평하지 않은가요? 그러나 복수는 상처의 해결보다는 상처의 악순환을 가져올 가능성이 높습니다. 복수는 '눈에는 눈, 이에는 이'의 원칙에 기초하고 있는데, 사람에 따라 무엇을 눈으로 보고 이로 보느냐의 기준이 다릅니다. 따라서 어떤 사람에게는 눈으로 보이는 것이 다른 사람에게는 이로 보일 수도 있고, 그렇게 되면 많은 사례에서 증명된 것처럼 '피는 피를 부르는', 상처받고 상처 주는 악순환이 지속될 뿐입니다.

학교폭력에서 많이 생겨나고 있는 공격적 피해자를 예로 들어 봅시다. 공격적 피해자는 자신이 피해를 당한 후에, 그 상처를 다른 사람을 공격하는 것으로 해결합니다.[3] 2012년 2월 대구에서 발생한 '폭력 대물림' 사건은 복수 전략을 사용할 때 나타나는 폭력과 상처의 악순환을 극명하게 보여 줍니다. 이 사건에서 학교 선배들은 후배들을 "건방지다"며 때리고, 심지어 땅에 파묻는 등 기성세대의 조폭을 뺨칠 정도로 괴롭혔습니다. 그런데 나중에 그 선배들도 이전에는 학교폭력의 피해자였던 것이 밝혀져 충격을 주었습니다. 자신이 받은 상처를 복수로 해결하려다가 결국 다른 사람에게 상처를 주고, 자신들도 범죄자가 되어 버린 것입니다.

요약하면, 회피와 복수는 일시적인 편안함이나 만족감을 줄지는 모르지만, 결국은 상처를 악화시킵니다. 회피는 주로 자신에게 다시 상처를 주게 되고, 복수는 자신과 다른 사람 모두에게 다시 상처를 주게 됩니다.

---

3) 공격적 피해자는 피해/가해자라고 하며, 학교폭력의 피해자가 다른 학생들을 공격하는 가해자가 된 것입니다. 공격적 피해자는 가해자나 단순 피해자 집단보다도 학습, 사회, 심리 그리고 정신건강 등 전반적인 영역에 걸쳐 심각하게 취약한 집단이고, 폭력의 악순환을 가져오는 위험한 집단이기도 합니다.

부당하고 깊은 상처를 해결하기 위한 긍정적 방법 중에서 가장 적극적이고 효과적인 방법은 용서입니다. 용서는 자신에게 상처를 입힌 사람을 동정, 자비, 사랑의 눈으로 바라보도록 노력하는 과정에서, 상대방에 대한 부정적인 기분과 생각과 행동이 사라지게 되는 것입니다.

1장의 '용서는 왜 필요한가'에서 설명했듯이 용서는 개인의 내적인 상처를 치유하고 대인관계를 회복하는 데 가장 효과적인 방법입니다. 그러나 용서라는 전략을 선택하기 위해서는 상처를 받은 사람의 내부에서 심리학적인 '전환'이 필요합니다.

전환이란 '중대한 마음의 변화'를 말하는데, 여기서는 지금까지 사용해 오던 회피나 복수 등의 문제해결전략이 결국 더욱더 상처를 악화시키는 부정적인 결과를 낳았을 뿐임을 깨닫고, 용서를 바람직한 문제해결전략으로 신중하게 고려해 보는 관점의 변화를 말합니다.

전환의 핵심은 상처를 받은 사람이 용서를 스스로 선택하는 것입니다. 당사자가 준비되어 있지 않은 상태에서 주변 사람들이 용서를 강권하게 되면, 용서에 대해 거부감을 가지게 되고, 오히려 또 다른 상처를 받을 수도 있습니다. 특히 종교인들의 경우에 조심해야 합니다. 피해자를 위로한다고 하면서 "당신이 하느님을 믿는다면서 용서하지 않으면 진정한 신앙인이 아닙니다."라고 말하면, 그것은 오히려 또 다른 상처를 주는 것입니다.

주위에서 용서를 제안할 수는 있지만, 선택은 항상 본인이 스스로 하는 것임을 강조해야 합니다. 당사자가 준비되지 않은 상태에서 용서를 강요하게 되면, 용서에 대해 거부반응을 보이거나, 마지못해서 용서하는 척하지만 상처는 치유되지 않고 안에서 곪게 되는 부정적인 결과를 낳게 됩니다.

3단계: 진정한 용서하기 전략 실천하기

진정한 용서하기 전략이란 거짓 용서가 아니라 진정한 용서를 하기 위한 방법이며 8가지가 있습니다.

◆ 새로운 눈으로 바라보기(맥락 속에서 깊이 이해하기)

상처를 준 사람과 사건에 대해서 **새로운 눈으로 바라보는 것입니다.** 이 전략의 핵심은 자신에게 상처를 입힌 사람과 상처를 만든 사건을 폭넓게 삶의 맥락 속에서 다시 바라보고 깊이 이해하는 것입니다. 이를 위해 자신에게 상처를 준 사람의 삶을 조사해 보는 것도 좋은 방법입니다([부록3] 참고). **용서를 시도해 본 학생들은 이것이 용서하는 데 큰 도움이 된다고 합니다.** 자신에게 상처를 준 친구나 엄마의 삶을 조사하면서 상대방과 대화하게 되고, 상대방의 입장에서 생각하면서 상처를 새로운 눈으로 바라보게 되는 것이지요. 예를 들어, 엄마를 미워하던 한 학생은 엄마가 "난 우리 딸이 제일 예뻤는데, 다들 너는 쳐다보지도 않더라."라고 말하자 그동안 엄마를 미워하던 마음이 눈 녹듯이 사라져 버렸다고 합니다.

◆ 공감과 측은지심의 발달

상처를 입힌 사람에 대한 깊은 이해를 넘어서서, 상대방의 감정에 공감(empathy)하고 측은지심(compassion)을 느끼는 것입니다. 공감은 상대방을 깊이 이해하게 될 때 생기는 감정으로, 상대방처럼 느끼는 것입니다. 상대방이 화날 때 나도 화가 나고, 상대방이 행복할 때 나도 행복한 것이 바로 공감입니다. 측은지심은 공감을 넘어서서, 상대방을 불쌍하게 생각하고 상대방에게 편안함과 따뜻함을 느끼는 것입니다. 예를 들어, 한 학생은 용서를 시도하면서 느끼는 자신의 마음의 변화를 다음과 같이 말하고 있습니다. "어머니를 완전히 용서했는지는 잘 모르겠지만, 전보다는 어머니를 많이 이해하게 되었고, 어머니를 대할 때 예전에 느끼던 분노보다는 동정심과 사랑이 느껴집니다."

공감은 용서의 핵심요소이며, 효과적으로 공감을 촉진시키기 위해서는 '빈 의자 기법'을 사용하는 것도 효과적입니다. 엄마에게서 '쓰레기'라는 말을 들은 정수의 경우를 예로 들어 봅시다. 두 개의 의자를 놓고, 하나의 의자에 정수가 앉습니다. 앞의 빈 의자는 엄마라고 상상합니다. 정수 자신의 의자와 엄마의 빈 의자에 번갈아 가며 앉아서, 각자의 입장이 되어 기분, 생각, 상황 등에 말해 봅니다. 이렇게 서로의 입장에서 이야기를 하다 보면 상처에 대한 이해가 깊어지고, 더 나아가 공감과 측은지심도 느끼게 됩니다.

가해자에 대한 공감을 촉진시키는 다른 방법으로는 가해자의 입장에서 편지 쓰기, 편지가 힘들면 말로 해서 녹음하고 들어 보기, 다른 사람에게 이야기하기 등이 있습니다.

상대방에게 측은지심을 느끼는 데는 자비명상이 도움이 됩니다. 자비명상은 다음과 같이 하면 됩니다. 첫째, 편안하게 앉아서 복식호흡을 합니다. 복식호흡은 아랫배를 이용해서 하는 호흡법으로, 숨을 들이마실 때는 배를 내밀면서 코로 천천히 들이마셨다가, 숨을 내쉴 때는 천천히 배를 집어 넣으면서 코로 내뱉는 것입니다. 둘째, 나에게 상처를 준 상대방을 천천히 마음속으로 데려옵니다. 그리고 다음과 같이 말합니다. '나는 ○○가 행복하고 평안하기를 소망합니다.' 셋째, 마음이 편안해지고 따뜻함이 느껴질 때까지 반복해서 수행합니다.

◆ 우리가 모두 인간으로서 불완전한 존재라는 것을 통찰하기

인간은 불완전한 존재입니다. 상처를 준 사람과 내가 모두 인간이며, 단점과 한계를 가진 불완전한 존재라는 사실을 통찰하는 것도 용서하는 데 도움을 줍니다. 첫 번째 전략인 새로운 눈으로 바라보기를 통해서 우리는 나에게 상처를 준 상대방이 약하고, 부족하고, 잘못을 저지르기 쉬운 인간이라는 것을 발견하게 되며, 이러한 발견은 용서하는 데 도움을 줍니다. 덧붙여서 나 자신도 상대방처럼 불완전하고 약한 존재로서 잘못을 저지를 가능성이 있으며, 나도 과거에 잘못해서 다른 사람의 용서를 받을 필요가 있다는 사실을 깨닫게 되면 용서하기가 더욱 쉬워집니다. 더 나아가 상처가 발생하게 된 배경을 이해하는 과정에서, 자신도 어느 정도의 책임이 있다는 것을 깨닫게 되면 용서하기의 수준은 한 차원 더 높아집니다.

◆ 상처를 흡수하기

당신은 상처를 받은 후에 화가 나서 상대방이나 주변에 있는 다른 사람에게 화풀이한 적이 있습니까? 그들의 반응은 어떠했습니까?

상처를 흡수하는 전략은 내가 받은 상처를 다른 사람에게 되돌려 주지 않고 내가 감내하고 수용하는 것입니다. 복수의 전략을 사용하는 경우에는 상처의 악순환이 발생합니다. 갑이 을에게 상처를 입히면, 을은 복수를 통해 다시 갑에게 상처를 입힙니다. 그러면 다시 갑이 을에게 상처를 입히게 되고, 이런 식으로 상처를 주고받는 악순환이 계속됩니다.

용서는 자신이 받은 상처를 스스로 흡수해 버림으로써 이러한 악순환의 고리를 멈추게 합니다. 예를 들어, 학교폭력으로 상처를 받은 학생이 집에서 엄마나 동생에게 화풀이하는 것이 아니라 자신이 그 상처를 흡수함으로써 자신을 치유하고 관계를 치유하는 것입니다.

그런데 여기서 주의할 점은 상처를 흡수한다는 것이 상처를 자기 안에 품고서 곪아 터질 때까지 그 상처를 억압하고 있는 것은 아니라는 것입니다. 그렇게 되면 화병이 생겨납니다. 상처를 흡수하는 것은 내가 자발적으로 상처를 수용하고 나서, 여러 가지 건설적인 방법으로 그 상처를 감소시키고 해소하는 것입니다. 새로운 눈으로 바라보기, 공감과 측은지심 느끼기, 글쓰기, 명상하기, 취미활동 개발하기, 마음을 터놓을 수 있는 사람과 이야기하기 등은 좋은 해소방법입니다.

앞에서 설명한 자비명상도 큰 도움이 됩니다. 상처를 흡수하기 위한 자비명상은 다음과 같이 하면 됩니다. 첫째, 편안하게 앉아서 복식호흡을 합니다. 복식호흡은 아랫배를 이용해서 하는 호흡법으로, 숨을 들이마실 때는 배를 내밀면서 코로 천천히 들이마셨다가, 숨을 내쉴 때는 천천히 배를 집어 넣으면서 코로 내뱉는 것입니다. 둘째, 복식호흡을 하면서 다음과 같이 말합니다. '나는 내가 고통에서 벗어나기를 바랍니다. 그리고 내가 행복하고 평안하기를 소망합니다.' 셋째, 마음이 편안해질 때까지 반복해서 수행합니다.

상처를 흡수하는 일은 특히 가족 내의 갈등과 용서에서 매우 필요합니다. 왜냐하면 가족은 매일 함께 생활하면서 서로에게 큰 영향을 미치기 때문입니다. 부모가 상처를 가지고 있으면 그 상처를 자녀에게 전가할 가능성이 있습니다. 자신의 부모를 증오하는 사람들은 알게 모르게 그 증오를 자녀에게 전달하게 되고, 그 자녀는 또 자기 자식에게 전달할 가능성이 큽니다. 안타깝게도 가족 내에서 분노와 증오의 대물림은 종종 일어나며, 그렇게 되면 그 가족은 한 세대에서 다음 세대로 계속 이어지는 많은 문제를 가지게 됩니다.

한 심리학자는 상처 때문에 잘못 기능하고 있는 가족 내에서 상처를 흡수하는 것이 왜 필요한지를 다음과 같이 설명하고 있습니다.[4]

4) Bergin, A. E. (1988). Three contributions of a spiritual perspective to counseling, psychotherapy, and behavioral change. *Counseling and Values*, *33*, 29.

그렇다면 누군가가 가족의 잘못된 역사 속의 어느 한 시점에서 상처를 한 세대에서 다른 세대로 전달하는 것을 멈춰야 하지 않겠는가? 그 사람은 복수하려고 하는 대신에 고통을 흡수하는 법, 용서하는 법, 상처를 준 사람과 화해하도록 노력하는 법을 배워서, 다음 세대에서는 가정 내에서 긍정적인 변화를 일으키는 출발자의 역할을 담당해야 한다.

◆ 고통의 의미를 발견하기

용서전문가인 엔라이트(Enright) 박사는 상처가 준 고통의 의미를 발견하는 것이 용서하는 데 큰 도움이 된다고 주장하면서, 정신과 의사이자 로고테라피(의미치료)의 창시자인 프랭클(Frankl) 박사의 예를 듭니다. 프랭클 박사는 제2차 세계대전 때 유대인 포로수용소에서 끔찍한 고통을 겪었습니다. 그 후 그는 포로수용소에서 살아남은 사람들의 치유를 도와주면서, 고통의 의미를 발견한 자만이 생존했다는 중요한 임상관찰 결과를 얻게 되었습니다. 포로수용소에서 자신을 포기하고 그냥 하루하루를 살아가는 사람들은 일찍 죽었습니다. 반면에 자신에게 주어진 극심한 고통의 의미와 삶의 목적을 발견한 사람들은 더 많이 살아남을 수 있었습니다. 프랭클 박사는 이를 바탕으로 고통받는 삶에서 의미를 발견하는 로고테라피(의미치료)라는 심리치료 방법을 만들어 냈습니다.

고통의 의미를 발견하는 것은 외상 후 성장과 가장 관련이 있습니다. 내가 찾아낸 고통의 의미가 바로 외상을 경험하고 극복하는 과정에서 생겨나는 변화와 성장을 대표하기 때문입니다.

◆ 당신에게 상처를 준 사람에게 선물하기

누군가에게 선물을 준다는 것은 무엇을 의미하나요? 선물은 상대방에 대한 호의와 사랑을 보여 주는 대표적인 방법입니다. 용서하기에서 선물을 하는 것은 당신이 상대방을 얼마나 용서하고 있는지를 보여 주며, 용서를 더욱 튼튼하게 해 주고, 화해의 문까지 열어 줍니다.

당신에게 상처를 주었던 사람에게 줄 수 있는 선물 목록을 만들어 보십시오. 선물이라고 해서 큰 것을 생각할 필요는 없습니다. 상황에 따라서 작은 것부터 시작하면 됩니다. 상대방을 보고 웃어 주기, 전화하기, 집안일 하기, 맛있는 것 만들거나 사다 놓기 등.

처음에는 마음이 내키지 않을 수도 있습니다. 그래도 억지로라도 용기를 내어 시도해 보십시오. 우리 속담에 '웃는 얼굴에 침 뱉으랴', '가는 말이 고와야 오는 말이 곱다'라는 말이 있습니다. 당신이 먼저 선물을 주면 대부분은 생각보다 큰 효과가 나타납니다. 특히 상대방이 자신의 잘못을 알고 있을 경우에는 더욱 효과가 큽니다.

그런데 선물을 줄 때 기억해야 할 것은 상대방이 항상 호의적이지 않을 수도 있다는 점입니다. 상대방이 내 선물을 싸늘하게 거절할 수도 있고, 그 때문에 내가 다시 상처를 입을 수도 있습니다. 그러나 상대방이 내 선물을 거절하는 것은 나의 문제가 아니라 상대방의 문제입니다. 상대방의 인격이 아직 성숙하지 못하거나, 상황을 제대로 이해하지 못했거나, 또는 자신의 잘못을 감추려고 방어적으로 행동하는 것일 수도 있습니다.

따라서 상대방의 거절 때문에 내가 다시 상처를 받을 필요는 없습니다. 선물을 주는 행동은 자비로운 사랑의 행위이며, 당신이 선물을 줄 수 있다는 것 자체가 당신이 상처에서 벗어나서 성숙해지고 사랑을 줄 수 있는 존재로 변화되었다는 것을 보여 줍니다. 상대방이 선물을 거절할 경우에는 다시 적합한 선물을 할 수도 있지만, 계속 거부할 경우에는 상대방이 자신의 문제를 해결할 때까지 잠시 기다려 주는 것도 좋습니다.

그러나 여기서 주의해야 할 점은 상대방에게 선물을 주는 것이 당신과 그 사람을 위한 좋은 마음에서 나와야 한다는 것입니다. 상대방이나 다른 사람들에게 나의 도덕적 우위를 보여 주거나 나에게 필요한 것을 얻기 위한 나쁜 수단으로 사용해서는 안 됩니다.

◆ 주변 사람들에게 도움 구하기

당신은 누군가에게 큰 상처를 받고 나서 주변 사람들과 이야기를 나누고 조언을 구한 적이 있습니까? 너무 힘들어서 전문적인 상담을 받아 볼 생각을 한 적이 있습니까?

인간은 사회적 동물입니다. 우리는 많은 사람 속에서 살아가고 있고, 상처와 용서도 사람들 속에서 이루어집니다. 용서하기의 여러 과정에서 주변 사람들이 도움을 줄 수 있습니다. 예를 들어, 마음을 터놓을 수 있는 친구나 가족에게 자신의 상처에 대해서 이야기하는 것은 상처를 올바르게 직면하는 데 도움을 줍니다. 또한 과거에 사용해 오던 회피와 복수 전략이 비효과적임을 깨닫게 해 주고 용서를 해결전략으로 선택하는 데도 도움을 줍니다. 더 나아가서 주변 사람들을 통해서 자신이 혼자가 아니고 사랑받고 용서받는 존재임을 깨닫는 것은, 내게 안전감을 주고, 분노를 감소시키고, 다양한 용서 전략을 실천하는 용기와 힘을 줍니다. 내가 사랑받았기에 사랑할 수 있고, 내가 용서받았기에 용서할 수도 있습니다.

당신이 많이 힘들 때는 전문가의 도움을 받을 수도 있습니다. 이제는 많이 나아졌지만, 상담을 부정적으로 보는 사람들이 있습니다. 그러나 상담이 효과가 있다는 것은 많은 과학적 연구를 통해 증명되었습니다. 몸이 아플 때 의사를 찾아가는 것처럼, 마음이 아플 때도 상담가나 정신과 의사를 찾아가야 합니다. 그리고 빨리 찾아갈수록 효과가 큽니다. 나의 삶은 한 번밖에 주어지지 않은 소중한 것입니다. 나의 소중한 삶을 상처 때문에 아파하면서 힘들게 살면 너무 아깝지 않은가요? 그러니 혼자서 해결하기에 힘이 들면 가능한 빨리 전문가의 도움을 받도록 하십시오.

◆ 용서를 공개적으로 선언하기

용서는 길고 힘든 과정입니다. '1보 후퇴 2보 전진'이란 말이 있듯이, 용서는 전진과 후퇴를 반복하면서 조금씩 조금씩 앞으로 나아가게 됩니다. 이때 용서했다는 것을 내 마음속에만 간직하지 말고 공개적인 말과 행동으로 표현하면, 용서에 대한 회의와 후퇴가 생기는 것을 어느 정도 막을 수 있습니다. 이것은 담배를 효과적으로 끊기 위해서 주변 사람들에게 담배를 끊겠다고 공개적으로 말함으로써, 자신의 금연 결심도 굳히고, 필요하면 주변 사람들의 도움을 받는 것과 같습니다. 주변 사람들은 금연 당사자에게 담배를 권하지 않거나, 때때로 금연 결심을 상기시켜 줌으로써 도움을 줄 수 있을 것입니다.

사실 이 전략은 상당히 쑥스럽게 느껴질 수도 있습니다. '용서를 하면 했지, 왜 굳이 밖으로 표현해야 하나? 내가 잘난 척하는 것은 아닌가? 상대방이 반감을 가질 수도 있지 않을까?'라고 생각할 수도 있습니다. 그럼에도 용서를 공개적으로 선언하는 것은 나의 용서를 굳건하게 해 주고, 계속해서 용서의 길을 걸어가게 하는 데 필요합니다.

구체적으로, 어떤 방법이 있을까요? 첫째, 용서하기를 글로 써 보는 것입니다. 편지나 일기를 쓰는 것도 좋고, 용서하기 증서([부록 4] 참고)를 만드는 것도 좋습니다.

두 번째 방법은 가까운 사람들에게 자신이 용서했다는 것을 말하는 것입니다. 그러나 이때 조심할 것은 나의 도덕적 우위를 과시하기 위해서가 아니라, 나의 용서를 지속시키는 데 도움을 받기 위해서 알리는 것임을 명확하게 밝히는 것입니다. 용서하기 증서를 작성하고 나서 가까운 사람을 보증인으로 세우면, 첫 번째와 두 번째 방법을 함께 실행하는 일석이조의 효과가 있을 것입니다.

4단계: 진정한 용서하기 전략 실천 평가하기

지금까지 8개의 진정한 용서하기 실천 전략에 대해서 살펴보았습니다. 전략을 모두 실천하고 난 다음에는, 전략을 잘 수행했는지 점검해 봅니다. 만약에 잘 실천하지 못한 전략이 있으면 그 전략을 다시 한번 수행하는 것이 필요합니다.

용서하기 결과 평가

용서의 과정을 모두 거친 뒤 용서의 결과를 평가하는 것이 좋습니다. 결과를 평가하기 위해서는 두 가지 방법을 사용할 수 있습니다. 첫 번째 방법은 한국인 용서 척도를 이용해서 상대방을 얼마나 용서하고 있는지를 점검해 보는 것입니다([부록 5] 참고). 용서하기 점수가 22점 이하이면 아직도 용서하기 수준이 낮은 것입니다. 잠시 쉬었다가 다시 한번 동일한 상처를 대상으로 용서하기의 과정을 실행해 보십시오. 용서하기 점수가 23~32점 사이에 있으면 보통 수준으로, 두 가지 방향을 선택할 수 있습니다. 첫 번째는 이번 용서 대상에 대해서 다시 한번 용서하기 작업을 함으로써 당신의 용서를 심화시키는 것입니다. 두 번째는 다른 용서 대상으로 넘어가는 것입니다. 33점 이상을 받아서 높은 용서하기 수준에 있다면 당신의 용서하기 작업은 크게 성공한 것입니다. 그러나 여기서 멈추지 말고 잠시 휴식을 취했다가 시간이 나는 대로 다른 대상을 선택해서 용서하기 작업을 반복해 볼 것을 권합니다. 용서하기를 계속 연습하면서 당신은 더욱 많이 치유되고 성장하게 될 것입니다.

용서의 결과를 점검하는 두 번째 방법은 용서하기에 대한 요약입니다. 당신이 실행한 용서하기에 대해서 정리하고 요약을 해 놓으면, 이번에 실천한 용서하기를 더 잘 이해할 수 있고, 다음에 다른 대상을 용서할 때도 많은 도움이 됩니다. 더 나아가 자신이 용서를 통해서 얼마나 성장했는지를 알게 되고 보람을 느낄 수 있습니다.

다음의 예는 엄마와 심한 갈등을 겪고 있던 선희의 용서하기에 대한 요약입니다.[5] 이 요약을 통해서 선희가 어떤 외상 후 성장을 했는지를 점검해 볼 수 있습니다.

[활동지 3-5: 나의 용서하기에 대한 요약] (선희)

1. 나에게 상처를 준 사람을 용서하는 과정을 거치면서 얻은 것은 무엇입니까?

- 내가 받은 상처에 대해서 생각해 보는 시간이었다.
- 남을 이해하고 용서할 수 있다는 것을 알게 된 것이 가장 큰 수확이었다.
- 상처를 용서하려면 어떻게 해야 하는지에 대해 배운 것이 실제로 타인에게 적용되고 있음을 느꼈을 때 '내가 정말 꾸준히 하기를 잘했구나.' 하는 생각이 들었다.

5) 『상처의 덫에서 행복의 꽃 피우기』(오영희, 2015, p. 119)

2. 상대방에게 용서를 실천하는 데 가장 도움이 된 것은 무엇입니까?

- 엄마의 삶에 대해서 알아보는 과제를 하면서 정말 오랜만에 엄마와 웃으면서 이야기했다. 엄마가 그때 "난 우리 딸이 제일 예뻤는데, 다들 너는 쳐다보지도 않더라." 하시는데, 평소 표현도 잘 안 하시는 엄마이기에, 더욱 큰 감동을 받았다.
- 이번에 '용서'라는 개념을 처음 배웠는데, 상대방과 관계없이 나 스스로 할 수 있다는 것을 알고 실천해 가면서 엄마를 조금씩 이해하게 되었다.
- 다른 사람이 나를 용서해 준 것처럼 나도 다른 사람을 용서해 주어야겠다고 깨달았다.

3. 상대방에게 용서를 실천하는 데 가장 방해가 된 것은 무엇입니까?

- 상대방의 반응이 안 좋을까 봐 걱정이 되고, 그 사람에게 먼저 다가가는 것이 제일 어려웠다.
- 그냥 묻어 두고 싶은 마음과 용서를 실천해야겠다는 마음이 공존했다.
- 엄마에게 잘해야겠다는 생각이 들다가도 또 다른 일로 엄마와 부딪치게 되면 '왜 그럴까?', '나는 도저히 이해가 안 돼.'라는 생각이 들곤 했다.
- 다시 상처를 받을지도 모른다는 두려움이 있었다.

4. 용서하기를 실천하고 난 뒤에 나에게 일어난 변화는 무엇입니까?

- 엄마뿐만 아니라 다른 가족들과의 관계도 더 좋아졌다. 과제를 하기 위해 대화를 하면서 엄마가 내 이야기를 들어 주었고, 아버지도 노력해 주셨다. 그래서인지 집안 분위기가 조금씩 화목해졌고, 동

생도 그 분위기에 놀라면서도 적응해 가고 있다.
- 다른 사람들을 잘 이해하게 된 것도 좋았다.
- 다른 사람들이 나에게 잘못을 해도 너그럽게 용서할 수 있는 그런 사람이 되어야겠다고 다짐했다.

2. 용서구하기의 과정

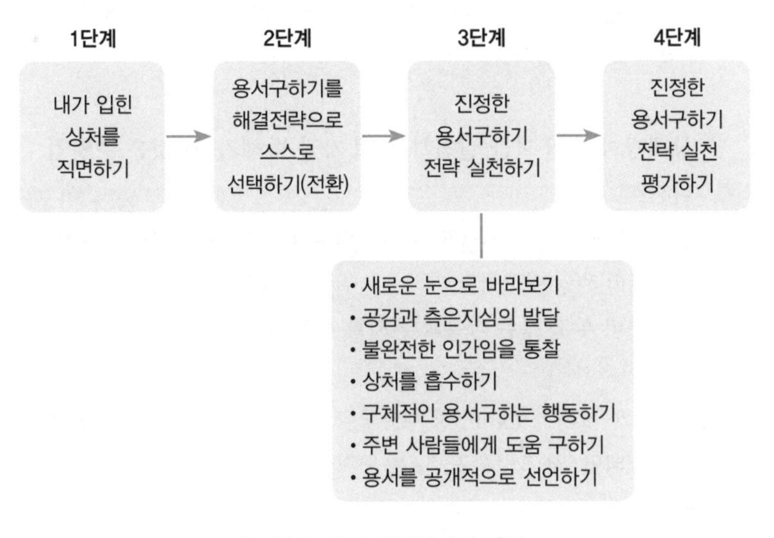

[그림 3-2] 용서구하기의 과정

[그림 3-2]는 용서구하기의 과정을 보여 줍니다. 용서구하기도 용서하기와 같이 4단계로 진행되는데, 구체적인 내용에서는 차이가 있지만 기본적인 절차는 동일합니다.[6]

6) 용서구하기의 과정은 간략하게 소개합니다. 더 자세한 내용을 알고 싶으면 『상처의 덫에서 행복의 꽃 피우기』를 참고하세요.

1단계: 내가 입힌 상처를 직면하기

내가 입힌 상처를 직면하는 단계는 내가 상대방에게 어떤 상처를 입혔고, 그것이 지금 현재 나와 상대방에게 어떤 영향을 미쳤는지를 분명하게 인식하는 단계입니다. 이 단계는 매우 중요합니다. 왜냐하면 당신이 입힌 상처와 그 영향을 제대로 인식할수록 문제해결의 필요성을 더 많이 느끼고, 좀 더 적극적으로 용서구하기를 해결책으로 생각해 보게 되기 때문입니다.

2단계: 용서구하기를 해결전략으로 스스로 선택하기(전환)

상대방에게 상처를 준 뒤에 사용하는 대표적인 부정적 해결전략은 회피입니다. 회피는 상처를 외면하고 피하는 것으로, 자아방어기제가 많이 활용됩니다([부록 2] 참고).

나쁜 수능결과 때문에 딸에게 상처를 준 선희 엄마의 경우를 봅시다. 선희 엄마가 딸을 때리고 심한 욕을 한 것을 억압해서 기억조차 하지 못하거나, 딸이 상처를 별로 받지 않았다고 부정할 수도 있습니다. 또는 딸의 장래를 위해서 매우 따끔하게 혼낼 필요가 있어서 그렇게 한 것이라고 변명(합리화)할 수도 있습니다.

자아방어기제는 일시적인 불편함은 피할 수 있지만, 문제를 왜곡시켜서 오히려 상처를 악화시키고 정신적 · 신체적 건강을 해치게 만듭니다. 예를 들어, 다른 사람에게 상처를 준 자신이 너무 부끄럽고 창피해서, 계속해서 손을 씻는 행동을 하는 강박장애가 생겨날 수도 있습니다. 또는 사람 만나기를 두려워하는 대인공포증이 생길 수도 있습니다.

문제를 더욱 악화시키는 회피보다 더 좋은 해결방법은 용서구하기입니다. 진심으로 용서를 구하기 위해서는 상처를 준 사람의 내부에서 우러나오는 심리학적인 '**전환**'이 필요합니다. 앞에 나오는 용서하기에서도 설명했지만, **전환이란 '중대한 마음의 변화'**를 말합니다. 지금까지 사용해 오던 부정이나 회피 등의 문제해결전략이 결국 더욱더 상처를 악화시키는 부정적인 결과를 낳았을 뿐임을 깨닫고, 용서구하기를 바람직한 문제해결전략으로 신중하게 고려해 보는 관점의 변화를 말합니다. 예를 들어, 선희 엄마가 딸에게 상처를 준 것을 부정하거나 회피하는 것이 오히려 상처를 더 악화시킬 뿐이라는 것을 깨닫고서, 딸의 상처를 이해하고 용서를 구하려고 시도해 보는 것입니다.

전환의 핵심은 상처를 준 사람이 용서구하기를 스스로 선택하는 것입니다. 당사자가 준비되어 있지 않은 상태에서 주변 사람들이 용서구하기를 강권하게 되면 당사자가 용서구하기에 대해 거부반응을 보이거나, 마지못해 용서를 구하는 척하지만 진심이 담겨 있지 않기 때문에 자신에게도 좋지 않고, 더 나아가서 상대방에게 또 다른 상처를 줄 수도 있습니다.

당신이 용서구하기 전략을 스스로 선택했다면 그것을 말이나 행동으로 표현해서 공식화하는 것이 좋습니다. 예를 들어, 용서구하기를 시도할 것을 결심하는 서약서는 당신의 결심을 공식적으로 만드는 데 도움을 줄 것입니다.

3단계: 진정한 용서구하기 전략 실천하기

당신 스스로 자발적으로 용서구하기를 시도하기로 결심했다면 그다음으로 해야 할 일은 진정한 용서구하기 전략을 실천하는 것입니다. 용서구하기 전략은 총 7개로 구성되어 있습니다.

◆ 새로운 눈으로 바라보기(맥락 속에서 깊이 이해하기)

진정한 용서구하기의 첫 번째 전략은 내가 상처를 입힌 사람과 사건에 대해서 **새로운 눈으로 바라보는 것**입니다. 이 전략의 핵심은 내가 상처를 입힌 사람과 사건을 폭넓게 **삶의 맥락 속에서** 다시 바라보고 깊이 이해하는 것입니다. 맥락이란 사물이 서로 연결되는 관계입니다. 따라서 맥락 속에서 새롭게 깊이 이해한다는 것은 상처에 대해서 단편적으로 보는 것이 아니라, 자신과 상대방의 입장을 고려하고, 과거와 현재와 미래라는 시간을 고려하고, 다양한 상황 등을 고려하여서 총체적으로 바라본다는 것입니다. 특히 이 전략에서 가장 중요한 것은 역지사지(易地思之)의 관점을 취하는 것입니다. 즉, 상대방의 입장이 되어서 상대방이 받은 상처를 이해하고, 나의 잘못을 분명하게 깨닫는 것입니다.

◆ 공감과 측은지심의 발달

두 번째 진정한 용서구하기 전략은 상처를 준 사람에 대한 깊은 이해를 넘어서서 상대방의 감정에 공감(empathy)하고 측은지심(compassion)을 느끼는 것입니다. 앞에서도 설명했지만, 공감은 상대방을 깊이 이해하게 될 때 생기는 감정으로, 상대방의 입장이 되어서 상대방처럼 느끼는 것입니다. 상대방이 화날 때 나도 화가 나고, 상대방이 행복할 때 나도 행복한 것이 바로 공감입니다. 측은지심은 공감을 넘어서서 상대방에게 애처로움과 따뜻함을 느끼는 것입니다.

공감은 용서하기에서처럼 용서구하기에서도 핵심적인 요소이며, 효과적으로 공감을 촉진시키기 위해서는 용서하기에서 사용했던 '빈 의자 기법'을 사용하는 것도 좋은 방법입니다. 피해자에 대한 공감을 촉진시키는 다른 방법으로는 피해자의 입장에서 편지쓰기, 편지가 힘들면 말로 녹음해서 들어 보기, 다른 사람에게 이야기하기 등이 있습니다.

◆ 우리가 모두 인간으로서 불완전한 존재라는 것을 통찰하기

용서구하기를 할 때 큰 방해가 되는 것은 본인의 자존심과 수치심입니다. 자존심이 상하거나 창피해서 자신의 잘못을 인정하지 않으려고 합니다. 그런데 잘못을 인정하지 않으면 용서구하기를 시작할 수가 없습니다.

우리가 모두 불완전한 인간이어서 한계와 단점을 가지고 있고,

그래서 다른 사람에게 상처를 주기도 하고 받기도 한다는 것을 깨닫게 되면, 잘못을 인정하고 용서를 구하는 것이 쉬워집니다. 또한 과거에 누군가 당신에게 용서를 구해서 그 사람을 용서해 준 경험을 생각해 보는 것도 도움이 됩니다. 상대방이 용서를 구한 것이 당신이 용서하는 데 도움이 되었다는 것을 깨닫게 되면서, 당신도 상대방을 위해서 용서를 구할 마음이 생기게 됩니다.

◆ 상처를 흡수하기

용서구하기에서 상처를 흡수하는 것은 두 가지로 나타납니다.

첫 번째는 상처를 받은 상대방이 나에게 화풀이를 하는 것을 조용히 받아들이는 것입니다. 선희 엄마의 경우에 전에는 딸이 화를 낼 때 자신도 같이 화를 내며 더욱 혼냈습니다. 그러나 이제는 딸의 화풀이 행동을 조용히 받아들이고 수용하는 것이 필요합니다. 그렇지 않으면 상처의 악순환이 계속 반복됩니다.

두 번째는 내가 상대방이 아닌 다른 사람에게 화풀이하는 것을 그만두는 것입니다. 예를 들어, 선희 엄마가 만만한 남편이나 아들에게 대신 화풀이하는 것을 멈추는 것입니다.

용서구하기는 자신이 준 상처에서 생겨난 여러 가지 부정적인 상처나 고통을 스스로 흡수해 버림으로써 이러한 악순환의 고리를 멈추게 합니다. 그런데 여기서 주의할 점은 상처를 흡수한다는 것이 상처를 자기 안에 품고서 곪아 터질 때까지 그 상처를 참고 견디는 것은 아니라는 것입니다. 그렇게 되면 여러 가지 신체적 · 정신적 장애가 생겨날 수 있습니다. 우리나라 고유의 정신장애라고 하는 화병이 대표적인 예입니다.

상처를 흡수하는 것은 내가 자발적으로 상처를 수용하고 나서, 여러 가지 방법을 사용해서 상처를 감소시키고 해소되도록 하는 것입니다. 앞에서 설명한 새로운 눈으로 바라보기와 공감과 측은지심 느끼기, 글쓰기, 명상하기, 마음을 터놓을 수 있는 사람과 이야기하기 등은 좋은 해소방법입니다.

상처를 흡수하는 일은 특히 가족 내에서의 갈등을 용서로 해결하려 할 때 매우 필요합니다. 가족은 매일 함께 생활하기 때문에 서로에게 강력한 영향을 미치기 때문입니다. 특히 가족이 서로 갈등을 느끼게 되면 아이들은 정상적으로 성장하고 기능할 수 없습니다. 부부 싸움 뒤에 싸늘해진 집안 분위기는 자녀들이 부모의 눈치를 보며 안절부절못하게 만듭니다. 그런 가정에서 자란 자녀는 나중에 자신이 만든 가정에서도 분노와 불안을 자주 표출하면서 계속해서 갈등과 상처를 만들게 될 것입니다.

앞에서 용서하기가 세대에서 세대로 이어지는 갈등을 멈추게 하는 데 효과적인 방법이라고 했습니다. 용서구하기도 빨간 신호등이 되어서 갈등의 수레바퀴가 멈추는 것을 도와줍니다. 상처와 갈등의 악순환이 계속되는 어느 시점에서, 상처를 입힌 사람이 용기를 내어 용서를 구하면, 상처를 받은 가족이 용서하기가 훨씬 수월해집니다. 그렇게 되면 가족 간의 갈등이 중단되고, 갈등의 악순환은 사랑과 화해의 순환으로 바뀔 수 있습니다.

◆ 구체적인 용서구하는 행동하기(사과하기)

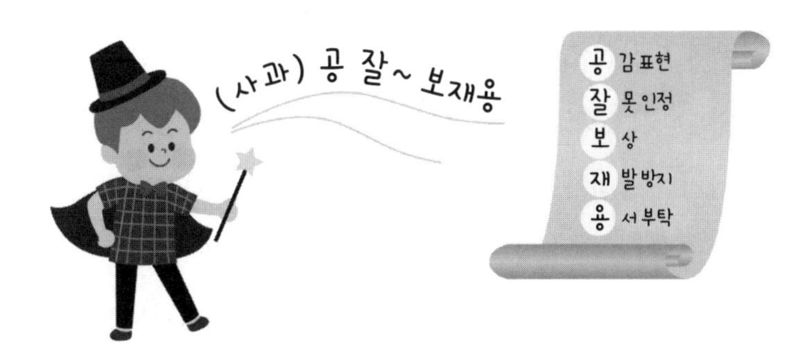

[그림 3-3] 좋은 사과의 5요소를 기억하는 마법의 주문

사과는 용서구하기의 대표적인 활동입니다. 그러나 사과는 상처를 입힌 가해자가 피해자에게 단순히 "미안해. 잘못했어."라고 말만 하면 되는 것이 아닙니다. [그림 3-3]에서 보는 것처럼 **좋은 사과에는 공감 표현, 잘못 인정, 보상, 재발 방지, 용서 부탁이라는 5요소가 포함되어야 합니다.**[7)]

첫 번째 요소인 **공감(후회) 표현**은 가해자가 피해자가 입은 상처에 대해서 공감하고, 그것에 대한 가해자의 죄책감과 고통을 표현하는 것입니다. 피해자가 상처 때문에 얼마나 힘들고 아파하는지를 충분히 공감해 주고, 그런 상처를 준 것 때문에 가해자가 양심의 가책을 느끼고 마음 깊이 고통스럽게 뉘우치고 있다는 것을 보여

7) 좋은 사과에 대한 자세한 내용은 『사과를 통한 치유와 성장-초 · 중 · 고등학생들을 위한 사과 교육 프로그램-』(한국 용서와 화해 연구회 편, 2020)을 참고하세요. 좋은 사과를 위한 교육 프로그램과 보드게임이 들어 있습니다.

줘야 합니다. 예를 들어, “미안해. 나 때문에 기분이 나쁘고 화가 많이 났지?”라고 말하는 것입니다.

두 번째 요소인 **잘못(책임) 인정**은 가해자가 핑계나 변명을 하지 않고 솔직하게 상처에 대한 자신의 잘못과 책임을 인정하는 것입니다. 상처나 상처가 발생한 상황에 대한 자세한 설명(해명)도 여기에 포함됩니다. “내가 잘못했어.”라고 말하는 법을 배우는 것은 책임감 있고 성공적인 어른이 되기 위한 중요한 단계이기도 합니다.

세 번째 요소인 **보상**은 가해자가 자신이 준 물질적 피해나 정신적 상처를 회복시켜 주기 위해 노력하는 것입니다. 보상은 돈이나 선물을 제공하는 등의 물질적 보상도 있고 상대방에 대한 배려와 사랑을 표현하는 정신적 보상도 있습니다.

네 번째 요소인 **재발 방지**는 가해자가 다시는 상처를 주지 않기 위해서 필요한 조치를 취하는 것입니다. 단순히 말로만 재발 방지를 약속하지 말고, 재발 방지를 위한 구체적인 개선과 변화의 시도들을 보여 주어야 합니다.

다섯 번째 요소인 **용서 부탁**은 가해자가 피해자에게 자신의 사과를 받고 용서해 달라고 부탁하는 것입니다. 용서 부탁은 사과의 마무리 작업입니다. 즉, 가해자가 앞에서 제시한 네 가지 사과를 하고 난 뒤에 마지막으로 피해자에게 자신의 잘못에도 불구하고 자신을 다시 받아들여 주고 관계회복으로 나아갈 것을 부탁하는 것입니다. 어떤 사람들은 사과로 충분하지 굳이 용서까지 부탁할 필요는 없다고 말합니다. 그러나 피해자가 사과의 진정성을 느끼는지와 피해자가 상처를 치유하고 관계회복으로 나갈 의향이 있는지를 확실하게 점검하기 위한 차원에서도 용서 부탁은 반드시 필요합니다.

◆ 주변 사람들에게 도움 구하기

인간은 사회적 동물입니다. 우리는 많은 사람 속에서 살아가고 있고, 상처와 용서도 사람들 속에서 이루어집니다. 주변 사람들은 용서구하기의 여러 과정에서 도움을 줄 수 있습니다. 당신이 많이 힘들 때는 전문가의 도움을 받을 수도 있습니다. 상담이 효과가 있다는 것이 이미 많은 과학적 연구를 통해 밝혀졌습니다. 그리고 몸이 아플 때 의사를 찾아가는 것처럼, 마음이 아플 때도 상담가나 정신과 의사를 찾아가야 합니다. 그리고 빨리 찾아갈수록 효과가 큽니다.

그러나 여기서 주의할 점은 당신이 준비가 되어 있지 않았는데, 주변 사람들이 용서구하기를 강요할 수도 있다는 것입니다. 이때는 주변 사람들에게 솔직하게 당신의 상태를 이야기하고, 당신 스스로 준비가 될 때까지 기다려 주면 좋겠다고 부탁하는 것이 바람직합니다.

◆ 용서구하기를 공개적으로 선언하기

당신이 용서를 구하려고 노력하는데, 상대방이 당신을 무시하고 쌀쌀하게 대하니까 기분이 나빠져서 용서를 구할 마음이 사라져 버린 적은 없습니까? 더 나아가서 왜 구태여 힘들게 용서를 구해야 하는지에 대한 회의가 생긴 적은 없습니까?

어떻게 보면 용서구하기는 용서하기보다 더 길고 힘든 과정입니다. 특히 내가 잘못했기 때문에 생겨나는 죄의식과 수치심까지 끼어들면 더욱 힘들어집니다. 그러나 '1보 후퇴 2보 전진'이란 말이 있듯이, 용서는 전진과 후퇴를 반복하면서 조금씩 앞으로 나아가게 됩니다. 이때 용서를 구한다는 것을 내 마음속에만 간직하지 말고 말과 행동을 통해 공개적으로 표현하면, 용서구하기에 대한 회의와 후퇴가 생기는 것을 어느 정도 막을 수 있습니다.

사실 이 전략은 상당히 부끄럽고 쑥스럽게 느껴질 수도 있습니다. '왜 굳이 밖으로 표현해야 하나? 나의 잘못을 당사자가 아닌 다른 사람들이 알게 되는 것이 창피하다. 혹시 상대방이 내 의도를 모르고 잘난 척한다고 반감을 가질 수도 있지 않을까?' 하는 부정적인 생각이 들 수도 있습니다. 그럼에도 용서구하기를 공개적으로 선언하는 것은, 나의 용서구하기를 굳건하게 해 주면서, 계속해서 그 길을 걸어가게 하는 데 필요합니다.

구체적으로, 어떤 방법이 있을까요? 첫째, 용서구하기를 글로 쓰는 것이 도움이 됩니다. 편지나 일기를 쓰는 것도 좋고, 용서구하기 증서를 만드는 것도 좋습니다. 그리고 나서 가끔씩 들여다보면서 스스로에게 용서구하기를 각인시키면 도움이 될 것입니다.

두 번째 방법은 가까운 사람들에게 자신이 용서구하기를 하고 있다는 것을 말하는 것입니다. 그러나 이때 조심할 것은 내가 용서를 구할 줄 아는 도덕적인 사람이라는 것, 또는 나는 용서를 구하고 있는데 상대방이 받아 주지 않고 있다는 것을 보여 주기 위해서가 아니라, 나의 용서구하기를 지속시키는 데 도움을 받기 위해서임을 명확하게 하는 것입니다. 용서구하기 증서를 작성하면서 나의 용서구하기를 지켜보고 도와줄 보증인을 참여시키는 것은 첫 번째와 두 번째 방법을 통합하는 좋은 방법입니다.

4단계: 진정한 용서구하기 전략 실천 평가하기

지금까지 7개의 진정한 용서구하기 전략에 대해서 알아보았습니다. 진정한 용서구하기 전략을 수행한 뒤에는, 각 전략을 잘 수행했는지 점검해 보는 것이 필요합니다.

용서구하기의 결과 평가

용서구하기 결과를 평가하기 위해서는 두 가지 방법을 사용합니다. 첫째, 한국인 용서구하기 척도를 이용해서 상대방에게 얼마나 용서를 구했는지 점검해 봅니다([부록 6] 참고). 둘째, 용서구하기에 대해서 요약해 봅니다. 당신이 실행한 용서구하기에 대해서 정리하고 요약을 해 놓으면, 이번에 실천한 용서구하기를 더 잘 이해할 수 있고, 다음에 다른 대상을 상대로 용서구하기를 할 때도 많은 도움이 됩니다. 특히 용서구하기를 통해 어떻게 외상 후 성장을 하게 되었는지를 점검해 볼 수 있습니다.

3. 화해하기의 과정

앞에서도 설명했듯이 용서와 화해는 다릅니다. 용서는 상대방과 관계없이 내 안에서 진행되는 내적인 과정인 반면에, 화해는 상대방과 함께 노력하며 상호신뢰와 관계를 회복하는 대인관계적인 과정입니다. 또한 용서는 무조건적으로 할 수 있지만, 화해에는 조건이 있습니다. 다시 말해서 용서하기를 통해 내적으로 치유되는 데는 조건이 필요하지 않지만, 화해하기 위해서는 가해자의 용서구하기, 화해 의도, 상호신뢰 등의 조건이 필요합니다.

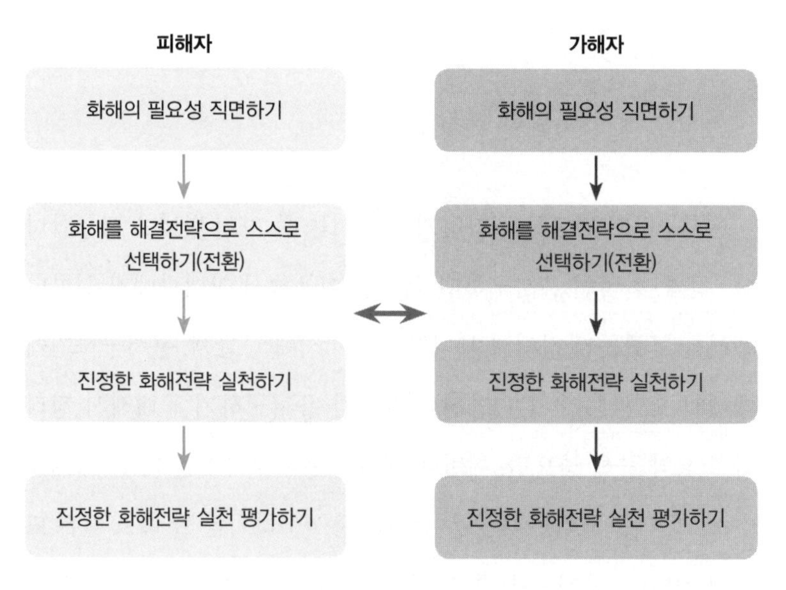

[그림 3-4] 화해하기의 과정

『상처의 덫에서 행복의 꽃 피우기』에서 제시한 화해의 과정은 [그림 3-4]와 같습니다. 피해자와 가해자가 모두 진정한 용서하기와 용서구하기를 마친 뒤에 화해의 필요성을 직면하고, 화해를 해결전략으로 선택하여, 진정한 화해전략을 실천한 후에 평가하기 단계를 마치게 되면 진정한 화해를 할 수 있는 가능성이 높아집니다. 보다 구체적인 내용은 책을 참고하십시오.

04

가족을 대상으로 한 사례 분석[1)]

학생들이 용서 보고서를 쓰기 위해서 선택한 대상은 가족이 제일 많았습니다. 학생들은 부모, 형제자매, 조부모 등에게서 상처를 많이 받고 있었습니다.

용서는 특히 가족 간의 상처와 갈등을 치료하는 데 매우 필요합니다. 가족은 매일 함께 생활하면서 서로에게 강력한 영향을 미칩니다. 그러다 보니 가족 내에서 생겨나는 상처와 갈등은 그 세대를 넘어서 다음 세대로까지 이어지게 됩니다. 자신의 부모를 미워하는 사람은 알게 모르게 그 증오를 자녀에게 전달하게 되고, 그 자녀는 또 자기 자식에게 전달할 가능성이 큽니다. 안타깝게도 가족 내에서

1) 사례 분석은 대학생들이 『상처의 덫에서 행복의 꽃 피우기』에 제시된 용서하기 또는 용서구하기의 과정을 실천해 보고 나서 작성한 보고서에 기초한 것입니다. 이름은 가명이고 필요한 경우에는 사건을 재구성하고 보충하기도 하였습니다.

의 상처와 증오의 대물림은 종종 일어나며, 그렇게 되면 그 가족은 세대를 넘어서 계속 이어지는 많은 문제를 가지게 됩니다.

용서는 상처와 증오의 악순환이라는 덫에서 벗어나는 데 가장 효과적인 방법입니다. 용서는 가족 내에서 여러 세대로 이어지는 아픈 상처와 증오의 덫에 걸려 있던 우리가, 꽁꽁 묶여 있던 쇠사슬을 끊어내고 자유롭게 해방되어서 행복하게 살도록 도와줍니다.

한 심리학자는 자녀들이 부모를 용서하는 것의 중요성에 대해서 다음과 같이 말합니다.[2)]

> 인간은 자신의 부모를 용서할 수 있을 때 비로소 제대로 성장하여 완전한 어른이 될 수 있다. 당신을 속박하는 상처와 실망을 끝장내라. 당신의 필요를 충족시켜 주지 못한 부모 때문에 당신의 자녀까지 계속 비참하게 만들고 멍들게 하는 상처와 실망의 악순환을 종결하라.

여기서 제시한 가족 대상 사례들은 엄마가 대상입니다. 아빠에게서 폭행과 같은 큰 상처를 받고 나서 힘들게 아빠를 용서한 좋은 사례들도 있었지만 연락처가 없어서 동의를 구하지 못해 이곳에 제시하지 못한 것이 아쉽습니다.

---

2) Fields, L., & Hubbard, J. (2014). 부모 용서하기. [*Forgiving our fathers and mothers*]. (배웅준 역). 서울: 규장. (원전은 2014년에 출판). pp. 19-20.

Point!

여기서 분명하게 말하고 싶은 것은 아빠, 엄마, 형제자매 등 가족에게서 받은 폭행은 모든 아이에게 매우 부정적인 영향을 미친다는 것입니다. 그래서 혹시 여러분이 가족 중에 누군가를 때린 적이 있다면 더 늦기 전에 진심을 다해 상대방에게 용서를 구할 것을 강력히 권고합니다.

엄마와 함께 용서의 삼각형 완성하기 _ 이민지

Point!

용서 연구의 선구자로서 지난 30년간 용서를 집중적으로 연구해 온 미국 위스콘신 대학교 교육심리학과 교수인 엔라이트 박사는 용서구하기, 용서하기, 화해하기가 용서의 삼각형을 만든다고 말합니다. 가장 바람직한 모델은 상처를 입힌 가해자가 용서를 구하고, 피해자가 용서를 하고, 그 뒤에 둘이 함께 상호신뢰를 회복하면서 화해를 하는 것입니다.
그러나 용서하기와 용서구하기 중 하나를 선택해서 실천해 보는 용서 보고서의 내용을 살펴보면 자신이 상처를 준 것을 인정하고 용서구하기를 실천하는 보고서는 거의 없습니다. 그만큼 먼저 용서구하기를 실천하는 것은 어렵습니다.
매우 지혜롭고 용감한 민지는 자신이 엄마에게 준 상처를 먼저 찾아내고 엄마에게 용서를 구하는 것으로 용서의 여행을 시작하였습니다. 그러자 용서와 화해의 과정이 부드럽게 진행되었고, 용서의 삼각형을 완성하는 아름다운 열매를 맺었습니다.

당신은 어떻게 생각하세요?

- 다음 질문에 대한 당신의 답변을 정리하면서 사례를 읽으면 사례를 이해하고 활용하는 데 도움이 됩니다.

1. 이 사례의 당사자는 누구에게서 어떤 상처를 받았나요? 그 영향은 무엇인가요?

2. 용서를 통해 어떻게 치유되고 성장하게 되었나요?

3. 이 사례에서 가장 당신의 마음에 와닿은 것은 무엇인가요?

1. 용서구하기

1단계: (내가 준) 상처 직면하기

용서 보고서를 작성하기에 앞서 '용서란 무엇인가?'에 대해 먼저 떠올려 보았다. 처음에는 용서가 단지 상처를 받은 사람이 그 상처에 대해 사과하는 사람의 사과를 받아들이고 화해하는 것이라고 생각했다. 용서라는 의미를 정확하게 정의 내리기도 어렵고 용서를 위해 당장 어떤 용서 프로그램에 참여할 수도 없고, 주변에 내가 용서를 할 만한 상대가 있는가에 대해서도 생각을 해 봤지만 막상 떠오르지 않았다. 그래서 교수님이 추천해 주신 『상처의 덫에서 행복의 꽃 피우기』라는 책을 통해 용서에 대한 정의부터 시작해서 용서를 하는 방법, 용서를 하고 난 후에 해야 하는 행동을 학습하고, 내가 상처를 준 누군가에게 용서를 구하고 나에게 상처를 준 누군가를 용서하기로 했다(ⓐ).

가장 먼저 떠오른 것은 내가 막말을 해서 엄마에게 상처를 준 것이다. 그래서 엄마에게 용서구하기를 먼저 시작해 보기로 하였다. 용서 보고서를 준비하기 전까지는 내가 주변인에게 주는 상처가 무엇이 있는지를 떠올렸을 때 내가 엄마에게 상처를 주고 있다는 것을 모르고 있었다. 내가 엄마가 하는 말에 반박을 하면 왜 버릇없는 말을 하느냐고 반응하는 엄마 때문에 사실 나도 기분이 상했고,

엄마가 나를 무시하는 것 같다는 생각을 해 왔다. 그러나 가족들과 주말에 함께 대화를 나누던 중 엄마가 최근에 나 때문에 상처를 많이 받았다는 얘기를 들으면서 내가 상처를 주었다는 사실에 놀랐고 정말 미안한 마음이 들었다.

예를 들어, 나는 평소에 엄마가 나에게 공부하라는 말을 하는 것이 매우 듣기 싫었다. 공부하다가 잠깐 쉬는 시간에 휴대전화를 보거나 공부 자료를 찾기 위해 인터넷을 켜는 것을 보고 엄마가 "너는 왜 공부하려는 노력도 안 하냐."고 잔소리하는 것이 나에게는 큰 상처였고, 내가 다른 사람들과 비슷해지거나 더 잘하기 위해 배로 들이는 노력은 생각도 하지 않는 배려 없는 행동이라고 생각했다.

엄마가 나에게 "도대체 공부는 언제 할 것이냐. 이번 시험은 어떻게 보려고 공부도 안 하고 맨날 휴대전화만 하냐."고 말을 하면 기분이 나빴다. 그래서 "엄마가 무슨 상관이냐. 상관하지 말아라.", "엄마도 집에서 쉬면서 왜 내가 쉬는 것만 뭐라고 하느냐.", "그렇게 내가 불만족스러우면 엄마가 하지, 왜 나를 통해 대리만족을 느끼려고 하는 것이냐." 등 기분 나쁜 말을 퉁명스러운 말투로 내뱉고는 했다.

내가 이런 말을 하면 엄마는 내가 버릇없는 말을 했다고 하면서 이제 나와 얘기하지 않겠다고 협박하기도 하고 내가 말을 하면 무시하는 행동도 했다. 나는 이에 더욱 기분이 상해 좀 더 기분 나쁜 말을 하거나 큰 소리로 말을 하기도 했다.

Point!

ⓐ 여러분이 아직도 용서에 대해서 주저하는 마음을 가지고 있다면 여기서 이 사례집을 읽는 것을 멈추고 민지와 같이 자신의 용서에 대한 생각을 점검해 볼 필요가 있습니다. 『상처의 덫에서 행복의 꽃 피우기』의 '2장 용서하기란 무엇일까'와 '5장 용서구하기란 무엇일까'를 읽으면 용서에 대해 정확하게 이해하는 데 도움이 될 것입니다.

2단계: 용서구하기를 해결전략으로 스스로 선택하기(전환)

사실 나는 내가 사실을 말하고 있으며 이런 말이 엄마에게 상처가 되는지 몰랐다. 그러나 엄마는 내가 기분 나쁜 말을 퉁명스럽게 하면 자신을 무시하는 것 같아서 자존심이 상하고 많은 상처를 받는다고 했다. 그래서 이제는 내가 엄마에게 상처를 준 것을 인정하고 용서구하기를 시도해 보기로 하였다.

3단계: 진정한 용서구하기 전략 실천하기

◆ 새로운 눈으로 바라보기

진정한 용서를 구하기 위해서는 내가 상처를 입힌 사람과 그 사건에 대해 새로운 눈으로 바라봐야 한다. 이를 위해 책에 제시된 [활동지 6-2] '엄마의 삶'을 작성하고자 엄마와 깊은 대화를 나누었다(ⓑ). 엄마는 어린 시절 할아버지가 술을 먹으면 폭력적으로 변하셔서 하루하루를 매우 무섭게 지냈다. 또한 경제적으로도 여유롭지 못해서 따로 교육을 받지도 못했다. 그래도 열심히 공부해서 대학도 졸업하고 원하는 직장에 다니게 되었다. 그러다 나를 낳게 되었는데, 내가 어릴 적에 낯을 너무 가려서 할머니한테 안기면 계속 우는 바람에 어쩔 수 없이 엄마가 나를 돌봐야 했다. 그래서 좋아하는 일을 그만두고 그 이후로 나를 키우는 데 전념하셨다.

나에게 상처를 주었을 당시에 엄마는 자신이 볼 때마다 내가 공부에 집중을 안 하는 모습을 보았다. 사실 내가 공부를 열심히 하는 것을 알고는 있었지만, 그래도 조금 더 열심히 해서 내가 원하는 꿈을 꼭 이루길 바라고 있었다. 엄마는 독한 말로 나를 화내게 만들면 내가 기분이 상하고 자극을 받아서 더 열심히 할 것이라고 생각했다. 그래서 일부러 독한 말을 했는데, 내가 오히려 더 화를 내고 공부에 대한 의욕도 더 떨어진 것 같아서 그동안 잘못된 방법을 사용하고 있다는 것을 깨달았다. 또한 그 이후로 내가 엄마와 말을 하는 시간이 줄어들고 주말에도 밖으로만 나가니까 집에서 외로운 기분도 들었다고 했다.

엄마와 얘기를 나누면서 엄마에 대한 새로운 사실을 알게 되었다. 엄마와 나 사이에 상당한 오해가 있었으며, 내가 무엇을 잘못했는지에 대해서도 잘 알게 되었다. 엄마의 성장 과정을 이해하면서 엄마가 왜 내 공부에 대한 잔소리를 많이 했는지, 왜 집안일을 어릴 적부터 직접 해봐야 한다고 했는지 등 엄마의 행동을 이해할 수 있는 기회가 되었고 엄마의 행동이 잔소리가 아닌 걱정으로 다시 보이기 시작했다.

그리고 나의 잘못도 더욱 분명하게 알게 되었다. 엄마가 나를 걱정하는 마음을 모르고 엄마의 기분을 상하게 했고 이는 또한 엄마의 과거와도 직접적으로 연결되어 더욱 상처가 된 것이다.

Point!

ⓑ 학생들의 경험에 따르면 용서 전략 중에서 가장 도움이 되는 것은 '새로운 눈으로 바라보기' 전략에서 상대방의 삶에 대해서 조사해 보는 것입니다([부록 3] 참고). 자신의 용서 대상인 엄마나 친구의 삶을 조사하면서 상대방과 대화할 좋은 기회를 가지게 됩니다. 그리고 상대방의 성장 과정, 상처를 줄 당시의 삶, 상대방의 장점과 단점 등을 조사해 보면서 상대방을 전체적으로 이해하게 되고, 상처를 새로운 눈으로 바라보게 됩니다.

민지도 엄마의 삶을 조사하면서 엄마와 대화를 하게 되었고, 엄마와 상당한 오해가 있었으며 자신이 무엇을 잘못했는지에 대해서도 더 잘 알게 되었습니다. 자신에 대한 엄마의 잔소리와 간섭이 자신을 무시해서가 아니라 오히려 자신이 잘되기를 바라는 마음에서 생겨난 것임을 새롭게 이해하게 된 것입니다. 그러다 보니 엄마가 자신을 걱정하는 마음을 모르고 엄마의 기분을 상하게 했고, 그것이 엄마의 힘들었던 과거와도 직접적으로 연결되어 더욱 엄마에게 상처를 주었다는 것을 알게 되면서 자신의 잘못을 더 잘 깨닫게 되었습니다.

◆ 공감과 측은지심의 발달

엄마의 성장 과정에 대한 얘기를 들으면서 엄마가 나를 특별하게 아끼는 이유와 엄마가 공부에 대해 집착하는 이유를 알게 되었다. 특히 엄마가 집안일 하는 것을 무시했던 내 말들이 엄마의 불편했던 마음과 자신이 이룬 꿈을 포기해야 했던 과거에 대한 아쉬움을 더욱 자극했다는 것을 깨달았다. 엄마가 그동안 느꼈던 감정들을 나에게 대입해 보면서 수치심과 서운함, 좌절감 등에 대해 공감할 기회가 되었다.

또한 어렵게 얻은 자식이니까 자신이 꿈꾸던 일을 이뤘음에도 자식을 위해 포기하고 나를 돌보는 데 온 힘을 쏟을 정도로 나에 대한 애정이 크다는 것을 알게 되었고, 엄마가 과거에 다른 사람을 위해 자신의 꿈을 포기한 것이 불쌍하게 느껴졌다. 또한 꿈을 포기한 것이 아쉽고 답답할 텐데 집안에서 매일 똑같은 일을 반복하는 것에 불평하지 않고 나와 아빠를 지원해 주는 엄마의 모습이 정말 대단하고 멋있게 보였다.

엄마의 그런 마음도 모른 채 오직 나의 노력을 몰라주고 과소평가하는 것에만 초점을 두고 서운함을 느끼며 엄마의 이런 노력을 무시하는 말을 한 것에 대해 더욱 미안함을 느끼게 되었다. 이를 통해 내가 느꼈던 서운함과 기분 나쁨이 고마움과 존경심으로 변해 가는 계기가 되었다.

◆ 불완전한 인간임을 통찰하기

그동안 엄마의 상처에 대해 몰랐을 때 나는 엄마가 하는 행동이 서운했고, 내가 하고 싶은 말을 한 것인데 엄마가 버릇없는 말을 했다면서 화를 내거나 나와의 대화를 거부하는 엄마의 모습이 서운했다. 그러나 용서 보고서 작성을 계기로 엄마와 깊은 대화를 나누면서 엄마의 입장에서 나를 돌아보는 기회를 가졌다.

나는 내가 열심히 공부하고 있다고 생각했고 엄마가 내가 노력하는 모습을 알아주기를 바랐다. 그러나 엄마의 눈에는 내가 열심히 하지 않는 것처럼 보였고 내가 엄마처럼 공부를 잘 못해서 미래에 자신의 꿈을 이루지 못해 후회하는 것을 원하지 않아 다른 곳에 쓰는 돈을 절약하며 교육적인 지원을 해 준 것이고, 잔소리를 해서라도 내가 성공하기를 바랐던 것이다. "신경 꺼라", "엄마는 아무것도 안 하고 있으면서 왜 나만 열심히 하라고 하냐"는 내 말은 그런 엄마의 자존심을 낮게 만들었고 큰 상처로 남아 버렸다.

그동안 나는 내가 하는 말이 엄마에게 상처가 되고 있다고 생각하지 못했다. 그러나 어느 날 엄마가 이런 나의 태도에 대해 서운함을 얘기했고, 용서 보고서를 작성하면서 엄마와 대화를 하던 중 나의 말투와 단어 선택에 문제가 있다는 말을 들으니 놀랐다. 나는 주변의 친한 친구들과 나의 이러한 고민에 대해 얘기하면서 이러한 툴툴거리는 말버릇이 사춘기에 누구나 저지를 수 있는 잘못임을 알게 되었고 의지를 가지면 고칠 수 있다는 것도 깨달았다. 이를 통해 나만 그런 것이 아니라는 위안을 얻었고 같이 얘기를 나눈 친구들끼리 서로 친절한 말을 쓰면서 자신의 부모님께도 상냥한 말로 마음을 전달할 수 있도록 노력하자는 다짐을 했다.

◆ 상처를 흡수하기

나는 처음에는 엄마가 내 노력을 먼저 무시해 놓고 내가 한 말에 대해 화를 내면 같이 화가 났고, 엄마가 나와 대화를 하고 싶지 않다면서 나의 말을 계속 무시하면 더욱 자존심이 상하고 엄마가 나를 무시하는 것이라는 생각이 들어서 같이 화를 냈다. 그러나 이번 용서구하기 보고서 작성을 계기로 이 책의 사례를 읽으면서 화가 날 때에는 자신만의 주문을 만들어서 속으로 외우는 것이 좋겠다는 생각이 들었다. 그래서 나는 화가 날 때는 '참을 인'을 마음속으로 외우기로 했다(©). 엄마가 화를 낼 때 머릿속에 '참을 인'을 새기면 그 시간 동안 엄마의 말의 의미, 의도에 대해 한 번 더 생각해 볼 수 있는 계기가 될 것이고 그러면 엄마의 말에 같이 화를 내지 않고 조용히 받아들이는 데 도움이 되며 마음이 편해질 것이라고 생각했다.

또한 나는 평소에 수다 떠는 것을 좋아하기 때문에 화가 나는 일이 있으면 나의 얘기를 잘 들어 주는 아빠나 친구들과 대화를 하면서 나의 서운한 마음을 마음에 담아 두기보다는 다른 방식으로 풀어 가는 것도 좋은 방법이라고 생각했다.

Point!

ⓒ 민지는 아주 창의적인 방법으로 자신만의 상처 흡수하기 방법을 만들어 냈습니다. '참을 인' 자를 마음속으로 외우는 것인데요. 우리도 이 방법을 습관화해서 화가 날 때 자동적으로 사용하면 아주 좋을 것입니다.

◆ 구체적인 용서구하는 행동하기

엄마가 친구들과 약속이 있어 나간 날 인터넷을 검색해 가면서 엄마를 위한 상차림을 준비하고 엄마가 아직 안 해 놓은 빨래들을 하고 집안 청소를 했다. 엄마는 내가 엄마가 하나하나 얘기하지 않아도 스스로의 힘으로 할 수 있음을 알게 되었고 무척 기뻐했다.

그날 밤에 엄마와 밥을 먹으면서 엄마께 상처를 준 것에 대해 진심으로 죄송한 마음을 전했다. 엄마는 그동안 서운했던 일들이 생각났다면서 많은 눈물을 흘리셨다. 또한 내가 이렇게 노력을 하면서 엄마에게 상처를 준 것에 대해 사과하고 고치고자 하는 의지를 보인다는 사실에 감동했다고 하셨다. 엄마도 그동안 나에게 상처를 준 행동에 대해 미안함을 느꼈다고 하시면서 나의 모든 일에 간섭하려고 하는 것을 용서해 달라고 하시고 앞으로 사소한 일에 잔소리하기보다는 내가 스스로 무언가를 하도록 응원하겠다고 하셨다(ⓓ). 또한 용서구하기를 완료한 이후에 중간고사에서 만족할 만한 성적을 받아서 내가 스스로 열심히 공부하여 좋은 성적을 받을 수 있음을 증명하기도 했다.

Point!

ⓓ 대인관계의 갈등과 상처는 매우 복잡하고 상호적인 경우가 많습니다. 그러다 보니 용서하기뿐만 아니라 용서구하기도 필요한 것입니다. 먼저 진심 어린 용서구하기를 하면 상대방도 용서하고 서로 화해하기가 한결 수월해집니다.
민지의 경우에도 민지가 먼저 진심으로 사과를 하자 그동안 서운했던 엄마의 마음이 풀어지고 치유되었을 뿐만 아니라, 더 나아가서 엄마도 민지에게 용서를 구하고 민지를 응원하게 되었습니다.

여기서 우리가 얻는 너무나 중요한 교훈: '먼저 사과하자!'

◆ 용서구하기를 공개적으로 선언하기

나는 이 책에 나오는 용서구하기 증서를 작성하고 보증인을 아빠로 세웠다. 그리고 냉장고 앞에 붙여 놓고 매일 들여다보면서 내가 또 상처 주는 말을 하고 있는 것은 아닌지 점검하고 있다.

4단계: 진정한 용서구하기 전략 실천 평가하기

나는 『상처의 덫에서 행복의 꽃 피우기』에 있는 '진정한 용서구하기 전략 실천 점검표'(부록 6-2)를 작성해 보았는데 모든 항목에서 3점 이상을 받았다. 이를 통해 내가 현재 용서구하기 전략을 잘 실행하고 있음을 깨달았다. 특히 엄마가 화를 낼 때 상처 흡수하기를 통해 같이 화를 내지 않으려고 하자 공격적인 말도 하지 않게 되었다. 뿐만 아니라 엄마와 더 좋은 관계를 만들기 위해 서로의 상처에 대해 이해하고 뒤에 나오는 화해하기 작업을 함께하기도 했다.

2. 용서하기

1단계: 내가 받은 상처를 직면하기

내가 받은 상처는 예전부터 항상 내가 무슨 일에 도전하려고 할 때 옆에서 엄마가 부정적으로 얘기하며 '너는 성공하지 못할 것'이라고 나를 무시하는 말을 한 것이다. 이러한 상처가 나에게 미친 영향은 심했다. 나는 이 말을 듣고 '그래 나는 어차피 해내지 못할 거야.'라는 생각을 하게 되었고, 가족이 나를 믿어 주고 응원하지 않는다는 사실에 배신감을 느끼고 매우 기분이 상했다. 이에 나도 가족을 믿지 못하게 되었으며, 왜 나는 다른 사람들보다 더 열심히 노력해야 똑같은 성과를 얻을 수 있는지에 대해 이 세상이 불공평하다는 생각도 들었다. 또한 이런 내가 약하고 무능력하다는 생각도 들었다. 엄마가 한 말에 대해 상처받고 그 이후로도 시험을 보거나 점수가 있는 과제를 할 때면 이 말이 계속 생각나면서 자신감이 떨어지기도 했다.

2단계: 용서하기를 해결전략으로 스스로 선택하기(전환)

나는 지금까지 엄마의 말로 인해 받은 상처에 대해 티를 내지 않고 그냥 마음속에 묻어 두려고 했다. 엄마와 대화를 하면 자꾸 나에게 이런 말을 하니까 엄마와의 대화를 줄이고, 친구들과 대화하는데 더 시간을 쓰며 밖에서 많은 시간을 보냈다. 그러나 용서 보고서를 쓰면서 내가 상처를 부인하고 회피하려고 하고 있음을 알게 되었고, 이것이 나에게 좋지 않은 잘못된 방법임을 깨달았다. 그래서 이 책의 예시에 나오는 선희, 희수처럼 용서를 해 보는 것도 좋은 방법이라는 생각이 들었다.

나의 이 결심을 표현하기 위해 책에 있는 [활동지 3-1]의 '용서 시도 결심 서약서'를 작성했다. 이를 통해 나는 나에게 상처를 준 엄마에 대해 회피하거나 복수를 하지 않겠다고 다짐한 다음, 엄마에 대한 분노, 원한, 미움을 멈추고 엄마를 이해하고 공감하려고 노력하겠으며, 과거의 상처가 앞으로 엄마와 나의 관계에 영향을 미치지 않도록 노력하겠다고 약속했다.

3단계: 진정한 용서하기 전략 실천하기

◆ 새로운 눈으로 바라보기

책에서는 [활동지 3-2]를 작성하면서 엄마의 삶에 대해 전체적으로 생각해 보는 기회를 갖도록 권유했다. 사실 엄마는 자신의 얘기를 먼저 하는 편이 아니어서 잘 모르고 있었는데, 이번 기회를 통해 알게 되고 어쩌면 이것이 엄마가 나에게 준 상처를 용서할 수 있는 중요한 열쇠가 되지 않을까 하는 생각에 열심히 엄마와 대화를 나눠 이 활동지를 작성했다.

엄마의 삶에 대한 활동지를 작성하다 보니 그동안 내가 엄마에 대해 잘 모르고 있었음을 깨달았으며, 새로운 사실들도 많이 알게 되었다. 그 내용은 앞의 용서구하기에서 얘기한 내용과 동일한 내용이었다. 이를 듣고 엄마의 아픈 상처에 대해 공감하며 눈물을 흘리기도 했다. 내가 받은 상처에 대해 얘기하자 엄마가 정말 나에게 많은 애정을 가지고 있어 내 미래가 걱정되어 한 말이었지만, 자신도 잘못된 것을 알고 있었으며 사실 예전부터 사과할 기회를 찾고 있었다는 말을 듣고 놀랐다. 엄마는 자신의 표현 방식이 잘못되었으며 어릴 적부터 가족들에게 사랑을 받지 못해 남에게 이를 표현하는 방법을 잘 몰라 공격적인 방식으로 표현된 것 같다면서 '미안하다고' 말했다(ⓔ).

Point!

ⓔ 내가 만난 한 학생은 엄마가 자주 화가 나 있고, 큰소리로 욕을 하고, 소리를 지른다고 했습니다. 그런데 왜, 무엇 때문에 화를 내는지를 알 수가 없고 엄마가 죽어 버렸으면 좋겠다는 생각, 자신도 죽어 버리고 싶은 생각이 든다고 했습니다. 너무나 안타까운 상황입니다. 이런 경우는 엄마가 자라 온 가정환경이 문제인 경우가 많습니다. 엄마의 부모님이 집안에서 자녀에게 이유도 없이 화를 자주 냈고,

그것을 그대로 엄마가 배워서 자신의 자녀에게 되풀이하고 있을 가능성이 아주 높은 것이지요. 민지 엄마의 경우에도 마찬가지입니다. 어린 시절 가족들에게 사랑을 받지 못해서 사랑을 표현하는 방법을 몰랐고 자신의 딸인 민지에게 공격적인 방식으로 표현하게 된 것입니다.

여러분도 이번 기회에 자신이 가족들에게 어떤 식으로 의사소통하는지를 분석해 볼 필요가 있습니다. 가족들에게 화를 자주 내지는 않는지, 화가 나면 어떤 식으로 가족들에게 표현하는지를 주의 깊게 점검해 보세요. 혹시 화를 자주 낸다면 그 이유는 무엇인지를 찾아보고, 가족들에게 자신의 감정을 부정적인 방식으로 표현하고 있다면 긍정적인 방식으로 바꿀 필요가 있습니다.

◆ 공감과 측은지심의 발달

엄마의 삶에 대해 작성하는 과제를 하면서 엄마를 많이 이해하게 되었다. "표현하는 방법을 몰라 내 예쁜 딸에게 상처를 준 것이 정말 미안하다."는 엄마의 말을 듣자 가족에게서 애정을 받지 못했던 엄마의 과거에 마음이 아팠다. "자신은 이루지 못한 꿈을 딸은 꼭 이루어서 하고 싶은 일을 하면서 행복하게 살았으면 좋겠다."는 엄마의 말을 듣자 엄마가 과거에 경험했던 외로움, 경제적 어려움을 이해하고 공감하게 되었다.

더 나아가서 자신이 상처를 주고 있음을 엄마가 알고 있었고 나름대로 고민해 가며 해결할 방법을 찾고 있었다는 사실을 듣고 고마운 마음이 들기도 했다. 사실 이 용서하기 프로그램을 하지 않았더라면 나는 엄마에게 나의 상처를 얘기하지 못했을 것이고 엄마의 이런 어려움과 노력을 알지 못했을 것이기 때문에 이 프로그램에 참여한 것이 정말 다행이라는 생각도 들었다. 나는 앞으로 엄마와 다투면 서로 어떻게 해야 할지에 대해 엄마와 같이 고민해 보다가 이 책에서 제시하는 자비명상을 각자 한 다음 다시 대화하기로 했다. 그 이후에 대화를 하면 서로 마음이 진정되어 있을 테니 서로 상처 주는 말을 하지 않을 것이기 때문이다. 엄마가 집안에서 외로움을 느끼지 않도록 앞으로 나도 친절한 말로 애정 표현을 많이 해야겠다는 생각도 하게 되었다.

◆ 불완전한 인간임을 통찰하기

대화를 통해 엄마의 상처 가득한 과거를 알게 되면서 사실 엄마도 완벽한 존재가 아니라 상처와 외로움, 어려움이 가득한 존재라는 것을 깨닫게 되었다. 그러한 상태에서 누군가에게 위로나 배려를 받지 못해 계속해서 힘들어해 왔음도 알게 되었다. 특히 나도 애교가 많은 성격이 아니라서 은연중에 엄마의 자존심에 상처 주는 말과 엄마가 무시당한다고 느낄 만한 말들을 하면서 엄마의 이런 상처를 더 깊게 만들고 있었던 것이다.

앞에서 얘기했듯이 나도 엄마의 진심을 모르고 나 자신만 생각하면서 엄마에게 막말을 한 경험이 있었다. 그 말을 들었을 때 엄마는 자식을 키워도 소용없다면서 아무도 자신의 진심을 이해하려고 하지 않아 답답하고 서운하다면서 눈물을 흘리기도 했다. 이에 대해 나는 용서구하기 프로그램을 통해 엄마에게 용서를 구했고, 엄마는 나의 이런 사과를 받아 주었으며, 앞으로 서로 잘 맞추어 가자고 하면서 오히려 나를 격려해 주었다.

또한 나 스스로는 열심히 하고 있다고 생각했지만, 실제로 공부할 때 집중을 잘 못하고 휴대전화를 계속 만지는 모습을 보고 엄마가 나에게 이런 말을 하게 되었다는 것을 알았다. 이처럼 엄마도 마음속에 상처가 많고 불완전한 존재이며 나도 엄마에게 상처를 입히는 불완전한 사람임을 깨닫게 되었다. 나도 엄마가 나에게 상처주는 말을 하게 한 것에 어느 정도 책임이 있다는 생각이 들며 엄마의 말을 용서해야겠다고 마음먹었다.

◆ 상처를 흡수하기

평소처럼 중간고사 공부를 하다가 잠깐 쉬고 있는데 엄마가 와서 시험을 못 볼 것이라고 또 부정적인 말로 나를 무시하는 행동을 했다. 그래서 나는 이 말에 상처를 받았고 또 엄마에게 엄마가 뭔데 상관하느냐고 하면서 오히려 화를 냈다. 그러면서 내가 시험을 못 보면 다 엄마가 부정적인 말을 해서 그런 것이라며 엄마 탓으로 돌리기도 했다.

이를 통해 내가 사소한 일에도 크게 반응하고 화가 나면 생각을 하지 않고 충동적으로 행동한다는 것을 알게 되었다. 그래서 이제부터 나의 상처를 흡수하기 위해 노력해야겠다는 생각이 들었다. 일단 화가 나면 계속 엄마와 마주하고 있기보다는 방에 들어와서 잠시 심호흡을 하고 자기 주문을 외우면서 화를 가라앉히기로 했다. 그다음에 엄마의 말에 무조건 화를 내기보다는 내가 이러한 말에 상처를 받았으니 무시하는 말보다는 다른 말로 나를 독려해 주었으면 좋겠다고 말했다.

엄마와 나는 요즘 화가 나면 대화를 잠시 멈추고 방 안에 들어가서 각자의 잘못에 대해 생각하고 서로를 이해하려는 노력을 한 다음에 다시 얘기하는 방법을 사용하고 있다. 화가 나 이성을 잃은 상태에서 상처 주는 말을 하는 것보다는 잠시 쉬는 시간을 가지면서 화를 진정시키고 얘기하면 서로 차분한 상태에서 화해할 수 있게 되기 때문이다.

◆ 고통의 의미를 발견하기

엄마의 말이 나에게는 어떤 의미가 있을지에 대해 생각해 보았다. 엄마는 나의 생활에 과도하게 관여하고 나의 학업 의지에 대해 무시하는 말을 하면 내가 더 자극받을 것이라고 기대한다. 이는 엄마가 어릴 적 자신의 꿈을 실현시키지 못해 나의 꿈, 직업에 집착을 하게 된 것이니까 나는 꼭 나중에 내가 원하는 직업을 얻어야겠다는 생각을 하게 되었다(①).

그래서 시험 기간에도 친구와 놀고 싶은 마음을 참고 공부를 열심히 했고, 과제들도 충실하게 작성하기 위해 노력했다. 또 엄마가 나를 무시하는 말에도 상처받지 말고 높은 자존감을 유지하기 위해서 하루에 내가 잘한 일 세 가지를 쓰는 '칭찬 일기'를 쓰고 있다

(ⓖ). 이를 작성하면서 자존감도 높아지고 칭찬할 일을 만들기 위해 하루를 더 알차게 보낼 수 있다는 것을 깨닫게 되었다.

Point!

ⓕ 민지는 아주 값진 고통의 의미를 발견했습니다. 자신의 진로와 공부에 대한 강한 동기를 가지게 된 것이지요. 엄마가 자신의 꿈을 이루지 못해서 딸인 자기에게 집착하게 된 것을 알게 되면서 본인은 꼭 원하는 직업을 가져야겠다고 결심하게 된 것입니다. 그래서 더 열심히 공부하게 되었고요.

ⓖ '칭찬 일기'는 민지의 또 다른 독창적인 아이디어입니다. 하루에 세 가지씩 자신이 잘한 일을 적는 칭찬 일기는 자존심을 높여 주는 아주 좋은 방법이니 여러분도 활용해 보세요.

◆ 당신에게 상처를 준 사람에게 선물하기

나는 일단 활동지를 이용해서 엄마에게 줄 수 있는 선물 목록을 작성한 후 편한 것부터 시작해 보았다.

첫 번째는 주말에는 꼭 가족과 함께 시간을 보내는 것이다. 나는 이 활동을 통해 매우 편안해지는 것을 느꼈다. 사실 친구들과 노느라 바빠서 가족과 함께 보낼 시간이 적었는데, 이번 기회에 아빠 차를 내가 운전해서 드라이브도 가고 맛집 투어를 하며 술도 한 잔 하면서 깊은 대화도 나누었고, 나의 속마음에 대해서도 얘기할 시간이 많아져서 기뻤다.

두 번째로, 원래 나는 집에서 쉬는 시간에 휴대전화를 했었는데, 이제는 쉬는 시간에 TV로 엄마와 같이 영화 한 편씩을 보기로 했다. 엄마와 슬픈 영화를 보며 같이 울기도 하고 코믹 영화를 보며 같이 웃기도 했다. 또한 영화의 내용에 대해 함께 얘기도 하면서 더 가까워지는 기분이 들었다.

세 번째는 사소한 집안일을 돕기 시작한 것이다. 나와 관련된 간단한 일들은 내가 했었는데, 일주일에 한 번씩 재활용 버리기 등 사소한 일들도 추가로 도왔다. 엄마가 정말 고마워하고 편안해하는 것이 느껴져서 기분이 좋았다.

마지막으로는 엄마에게 말을 예쁘게 하고 애정 표현을 많이 하는 것이다. 이것이 선물 목록 중에 가장 힘들고 불편한 것이었고 엄마도 오글거린다고 불편해했는데, 그래도 엄마가 내 진심을 잘 아시는 것 같아서 열심히 실천했다.

◆ 주변 사람들에게 도움 구하기

나는 용서하기를 실천하면서 아빠와 친구들의 도움을 많이 받았다. 먼저, 친구들은 나의 자존감을 높여 주는 존재였다. 고등학교 시절부터 친하게 지내면서 항상 친구들은 내 칭찬을 많이 해 줬다. '공부를 열심히 한다', '나처럼 열심히 살고 싶다', '부지런하다' 등 나에게 많은 칭찬을 해 주면서 엄마에게 상처받은 마음을 위로받을 수 있게 되었다.

두 번째로 아빠는 내가 스트레스를 풀 수 있도록 간단한 운동 회원권을 끊어 주었다. 쉬는 시간에 휴대전화만 하면 엄마와 다투는 일이 많아지고 그렇다고 코로나 때문에 밖에 나가서 스트레스를 풀기 힘드니까 열심히 운동을 하면서 스트레스를 풀 수 있도록 해 주었다. 또 엄마와 싸운 날에는 밤에 불러내서 아파트 단지를 같이 산책하면서 마음도 진정하고 나의 상처에 공감해 주기도 했다. 이런 친구들과 아빠의 배려는 내가 누군가에게 사랑받는 존재임을 알게 해 주고 내가 지금 잘하고 있음을 상기시켜 주는 역할을 해 주었으며, 엄마와의 갈등을 해결하는 데 큰 도움이 되었다.

◆ 용서를 공개적으로 선언하기

나는 [활동지 3-4] '용서하기 증서'를 작성하고 나서 냉장고 앞에 붙여 놓고 아빠를 보증인으로 세웠다. 아빠는 나와 엄마의 노력을 칭찬하면서 앞으로 자신도 옆에서 최대한 도와주고 화목한 가정을 만들도록 노력하겠다고 약속했다. 우리 가족은 모두가 잘 볼 수 있는 냉장고 앞에 증서를 붙여 놓고 서로 다툼이 있을 때마다 이를 들여다보면서 용서를 실천하기 위해 노력하고 있다.

4단계: 진정한 용서하기 전략 실천 평가하기

나는 '진정한 용서하기 전략 실천 점검표'를 작성하면서 잘 수행한 전략, 잘 수행하지 못한 전략을 평가했다. 나는 아직도 엄마와 다투는 일이 생기면 화가 먼저 나고 자꾸 막말을 하려고 하지만, 그

때마다 냉장고 앞에 붙어 있는 용서하기 증서를 보면서 화를 진정시키고 엄마와 차분하게 대화를 통해 문제를 해결하려고 한다. 그리고 이것이 효과가 없는 날에는 존댓말 사용하기를 통해 화가 날 때에 버릇없는 말을 하지 않으려고 노력하고 있다.

용서하기 결과 평가

나에게 상처를 주었던 엄마를 용서하는 과정에서 내가 무슨 상처를 왜 받았는지에 대해 다시 한번 생각해 보는 계기가 되었다. 그리고 엄마와 대화를 하면서 내가 몰랐던 엄마의 과거를 새롭게 알게 되었고 가족과 함께 대화하는 시간이 많아졌다.

엄마를 용서하는 데 가장 큰 도움이 된 것은 엄마와의 대화를 통해 엄마의 삶에 대한 얘기를 듣는 활동을 하면서 나도 몰랐던 엄마의 과거를 알게 되었고 엄마가 나에 대한 애정이 정말 크다는 것을 느낀 것이다. 용서 보고서를 작성하기 전에는 '용서'라는 개념이 정확히 무엇인지도 몰랐는데, 이 책을 읽으면서 그 과정을 잘 따라가다 보니 나 스스로의 결심과 노력으로 용서를 할 수 있게 되었다. 또한 용서하기뿐만 아니라 나의 잘못에 대해서도 용서를 구할 수 있게 되었다.

반면에 엄마를 용서하는 데 가장 방해가 된 것은 처음에는 나의 이러한 상처를 직접 드러내는 과정이 힘들었고, 혹시라도 엄마의 반응이 좋지 않을까 봐 두려웠다. 또한 처음에 용서하기의 효과가 드러나지 않고 계속 과거의 일이 반복되는 것이 더 나를 힘들고 절망스럽게 했다. 그리고 용서하기를 한 후에도 나중에 반복되지 않을까 하는 불안감이 들기도 했다.

그러나 용서하기를 직접 실천한 후에 가장 중요한 효과는 우리 가족이 평화로워진 것이고, 엄마와 대화를 하는 데 불편함이 사라진 것이다. 가족과 함께 보내는 시간이 많아지면서 서로에 대한 얘기를 많이 하니까 상처를 감춰서 싸움이 나는 일도 없었고 싸움이 발생하더라도 평화적으로 금방 해결할 수 있게 되었다. 또한 나의 자존감도 높아지게 되는 좋은 계기가 되었다.

3. 화해하기

1단계: 화해의 필요성 직면하기

화해는 신뢰의 회복을 통해 관계를 회복하는 것이다. 그래서 화해의 첫 단계는 화해의 필요성을 직면하고 상호 간의 신뢰가 깨지고 관계가 파괴된 결과가 자신과 상대에게 어떤 부정적인 영향을 미치고 있는지를 명확하게 깨닫는 것이다. 단, 화해의 필요성을 자각할 때에는 우리가 자아방어기제를 사용해 화해의 필요성을 부정하거나 회피하는 것은 아닌지, 화해에 대한 손익 계산서를 작성하는 것은 아닌지를 주의해야 한다. 두 번째는 진정한 용서처럼 진정한 화해는 사랑이라는 계산이 불가능한 도덕적 미덕에서 나오기 때문에 혜택을 계산하는 것은 옳지 못하다는 것이다.

엄마가 평소에 나를 무시하는 행동과 말을 한 이후로 엄마와의 대화가 감소하게 되었다. 지난 몇 년 동안 나와 엄마는 싸우기만 하면 서로를 무시하는 말을 하면서 상처를 주었다. 엄마와 싸우는 행동은 가족 간의 대화 단절로 아빠까지도 눈치를 보게 만들었다. 또한 내가 새로운 일에 도전할 때 나의 자존감은 점점 낮아져 불안한 마음이 들었다. 엄마도 자신의 진심을 몰라주는 나에 대해 서운한 마음을 느꼈고 가족 간의 활동이 줄어들면서 엄마의 외로움은 더욱 커졌다. 그런데 용서구하기, 용서하기 보고서를 작성하며 서로의 상처 주기 행동에 대해 어느 정도 용서하면서 가족 간의 친밀감이 높아졌고 대화가 늘었으며 나는 자존감이 높아지고 엄마는 더 이상 집에서 외로움을 느끼지 않게 되었다. 나는 이에 한걸음 더 나아가서 엄마와 화해를 하고 싶은 마음이 들었다.

2단계: 화해를 해결전략으로 스스로 선택하기

나는 용서하기를 통해 얻은 긍정적인 변화를 바탕으로 엄마와의 화해를 결심하게 되었다. 이에 대한 서약서 작성을 통해 엄마에 대한 분노, 원한, 죄책감을 갖지 않도록 노력하며, 겸손한 마음으로 엄마에게 먼저 다가가 대화를 통해 이해하고 공감하려고 노력하고, 상호신뢰를 쌓기 위해 노력하겠다는 약속을 했다.

3단계: 진정한 화해전략 실천하기

◆ 상대방에게 다가가기

나는 엄마와 깊은 대화를 나누면서 엄마가 자신의 꿈을 포기할 만큼 나를 아꼈고, 꿈을 이루었으면 좋겠다는 욕심이 커지다 보니 간섭도 많아지고 표현 방법도 삐뚤어져서 본의 아니게 나에게 깊은 상처를 준 것임을 알게 되었다. 또한 엄마는 나의 이런 얘기를 듣고 미안하다고 용서를 구했고, 나는 이런 엄마의 모습을 보고 내가 자존심을 내세우며 용서하는 것은 옳지 못하다고 생각해서 내가 먼저 자존심을 버리고 겸손을 갖춰 엄마를 용서했다.

더 나아가서 내가 엄마에게 잘못한 행동에 대해서도 먼저 용서를 구했고, 엄마도 쓸데없는 자존심을 내세우지 않고 나의 용서를 받아 주었다. 예를 들어, 내가 "내가 엄마한테 상처받은 것을 얘기하면 엄마가 이를 무시할까 봐 걱정이 됐어."라고 얘기하면 엄마는 "그게 걱정되었구나."라고 반영해 주었다. 또한 효과적인 대화를 위해 이 책에 제시되어 있는 '적극적 경청'과 '나 전달법'을 사용했다. 우리는 각자의 말, 행동에 담긴 것을 반영해 주기 위해 서로가 상처받은 것을 얘기하면 그에 대해 공감했고 또 생각이나 감정에 대해서도 자신의 입장에서 구체적으로 표현하기로 했다. 특히 '나 전달법'을 사용해서 긍정적인 표현을 많이 하면서 관계를 부드럽게 만들고 자신의 상처를 얘기할 때에는 상대방을 비난하지 않도록 주의했다.

◆ 상호신뢰를 구축하기

먼저, 엄마에 대한 삶의 이야기를 작성하면서 엄마의 과거, 엄마가 좋아하고 싫어하는 것에 대해 내가 모르고 있었다는 것을 알게 되었다. 그래서 화해 프로그램에 있는 [활동지 8-2] '상호신뢰를 구축하기'를 엄마와 함께 작성하면서 상호간의 신뢰를 구축하기 위해 노력했다(ⓗ).

엄마가 좋아하는 것은 뱉은 약속은 잘 지키기, 거짓말하지 않기, 주말은 가족과 함께 시간 보내기였고 내가 좋아하는 것은 칭찬해 주기, 애정 표현 많이 해 주기, 가족과 함께 대화 많이 나누기였다. 반면에 엄마가 싫어하는 것은 일을 미루는 것, 자신을 무시하는 것, 화가 난다고 소리 지르는 것이다. 또한 내가 싫어하는 것은 나에게 지나치게 간섭하는 것, 나를 무시하는 것, 다른 집 아이들과 나를 비교하는 것이다.

상대방과 부정적 상호작용을 줄이기 위해서는 상대방이 싫어하는 것을 하지 말아야 한다. 엄마와 나 둘 다 서로 무시하는 것을 싫어하기 때문에 이를 가장 주의해야 하고, 엄마는 내가 공부를 할 때 간섭하지 않되 나는 내 일을 나중으로 미루지 않고 최선을 다해서 해야 한다. 또한 화가 날 때에는 소리를 지르지 말고 조용히 대화하도록 하고 엄마도 다른 사람의 아이들과 비교하지 않도록 해야 한다. 반면에 상대방과의 긍정적 상호작용을 높이기 위해서는 상대방이 좋아하는 것을 많이 해 주어야 한다. 엄마와 대화할 때에는 솔직하게 대화하되 지키지 못할 약속은 하지 않도록 한다. 또한 주말에는 가족과 함께 시간을 보내면서 서로에 대한 애정 표현을 많이 해 줘야 한다.

> **Point!**
>
> ⓗ 민지는 엄마와 화해하기 위해 『상처의 덫에서 행복의 꽃 피우기』에서 제시한 화해하기 전략을 가장 충실하게 실천한 학생입니다. 특히 상호 간 신뢰를 구축하기 위해서 상대방이 좋아하는 것과 싫어하는 것을 조사해서 상대방이 좋아하는 것은 하고, 싫어하는 것은 하지 않는 것은 아주 체계적인 상호작용 개선 방법입니다.

◆ 주변 사람들에게 도움 구하기

나는 아빠, 친구들의 도움을 받고 있다. 이때, 가운데에서 중재 역할을 하는 아빠가 엄마와 나에게 화해를 강요하지 않도록 주의해야 한다. 아빠가 중간에서 빨리 화해하라고 강요하거나 재촉하면 엄마가 화해를 거부할 수도 있고 화해를 하더라도 진심으로 하지 않아서 나중에 문제가 생길 수도 있다.

◆ 화해를 공개적으로 선언하기

나는 요즘 엄마와 다투는 일이 적어졌고, 다투더라도 소리가 커지거나 서로 상처 주는 말을 주고받는 일이 적어졌다. 이런 효과에 매우 만족하고 있기 때문에 앞으로 엄마와 화해를 잘할 수 있을 것이라는 자신감이 생긴다. 이를 위해 나와 엄마는 각각 [활동지 8-3] '화해하기 증서'를 작성했다. 각자의 보증인 칸에 서명을 하면서 서로 각자 노력하고 있음에 감사하며 앞으로도 잘해 보자고 다짐하는 계기가 되었다.

[사례 분석]

1. 민지의 용서의 삼각형에 대한 분석

민지와 엄마는 서로를 무시하고 막말을 하며 상처를 주고받고 있었습니다. 민지는 가족들과 이야기하다가 엄마가 최근에 자기 때문에 상처를 많이 받았다는 이야기를 듣고서 엄마에게 용서구하기를 먼저 시작하였습니다. 그러고 나서 자신을 무시하고 막말을 한 엄마를 용서하는 과정을 실행하였습니다. 그다음에는 엄마와 함께 화해의 과정을 잘 거쳐 나갔습니다.

민지의 사례는 서로에게 상처를 주고받는 가족 내에서의 심각한 갈등이 어떻게 용서를 통해 해결되고 화해로까지 나아갈 수 있는지를 잘 보여 줍니다.

2. 민지의 외상 후 성장에 대한 분석

1) 진로목표를 분명하게 세우고 노력하게 되었습니다.

엄마가 자신의 꿈을 실현시키지 못해서 민지의 꿈과 직업에 집착을 하게 되고 상처를 준 것을 알게 된 후로 민지는 나중에 꼭 자신이 원하는 직업을 얻어야겠다는 생각을 하게 되었습니다. 그래서 더욱 열심히 공부하게 되었습니다.

2) 자존감을 유지하기 위한 자신만의 방법을 개발하였습니다.

엄마가 자신을 무시하는 말에도 상처받지 말고 높은 자존감을 유지하기 위해서 민지는 하루에 내가 잘한 일 세 가지를 쓰는 '칭찬 일기'를 쓰기로 했습니다. 이를 작성하면서 자존감도 높아지고 칭찬할 일을 만들기 위해 하루를 더 알차게 보낼 수 있다는 것을 깨닫게 되었습니다.

3) 아빠와 친구들의 배려와 중요성을 깨닫게 되었습니다.

용서와 화해를 실천하면서 민지는 친구들과 아빠의 배려를 많이 받았습니다. 이것은 민지가 사랑받는 존재임을 알게 해 주고 민지가 지금 잘하고 있음을 상기시켜 주는 역할을 해 주었으며, 엄마와의 갈등을 해결하는 데 큰 도움을 주었습니다.

4) 가족 간의 갈등이 줄어들고 평화로워졌습니다.

가족과 함께 보내는 시간이 많아지면서 서로에 대한 얘기를 많이 하니까 상처를 감춰서 싸움이 나는 일도 없었고, 싸움이 발생하더라도 평화적으로 금방 해결할 수 있게 되었습니다. 그 덕분에 가족이 많이 평화로워졌습니다. 그것이 또한 민지의 자존감을 높여 주는 좋은 계기가 되었습니다.

남동생과 차별해서 나에게 상처 준 엄마를 용서하기 _ 박진서

Point!

부모조차도 잘 의식하지 못하는 사이에 발생한 자녀들에 대한 차별대우는 차별당하는 당사자들에게 아주 심각한 부정적인 영향을 미치고, 심지어 정신장애까지 생겨나는 경우도 있습니다.
진서의 사례는 엄마가 자신과 남동생을 차별한다고 생각해서 상처를 받은 경우입니다. 이 사례는 형제간의 차별로 인한 상처와 어떻게 그것을 극복할 수 있는지를 잘 보여 줍니다.

당신은 어떻게 생각하세요?

• 다음 질문에 대한 당신의 답변을 정리하면서 사례를 읽으면 사례를 이해하고 활용하는 데 도움이 됩니다.

1. 이 사례의 당사자는 누구에게서 어떤 상처를 받았나요? 그 영향은 무엇인가요?

2. 용서를 통해 어떻게 치유되고 성장하게 되었나요?

3. 이 사례에서 가장 당신의 마음에 와닿은 것은 무엇인가요?

1단계: 상처 직면하기

어릴 적부터 엄마는 남동생은 사소한 일에도 칭찬과 보상을 해 주셨지만, 나는 칭찬보다는 모자란 점을 지적하셨다. 예를 들어, 초등학생 때 나는 전 과목에서 거의 만점을 맞았는데 엄마는 "올 백을 맞을 수 있었는데 잘하지 그랬어."라고 말했다. 반면에 남동생은 한 과목에서만 100점을 맞았는데 비싼 장난감을 사 주셨다.

이 상처가 나에게 미친 영향은 '나는 뭘 해도 칭찬을 받을 수 없는 아이구나.'라고 생각하게 된 것이다(ⓐ). 내가 생각하기에는 충분히 잘한 것 같은데 엄마는 그렇게 생각하지 않는다는 생각이 자꾸만 드니까 내 능력에 대해서도 의구심만 늘어 갔다. 자신감과 자존감이 낮아졌고 열등감을 많이 느끼게 되었다. 그리고 '엄마가 나를 정말 사랑할까?'라고 항상 의심하게 되었다. 그 영향으로 사람들과 친밀한 관계를 맺기 어려웠다. 사회생활이 힘들고 남을 칭찬하는 것과 내가 칭찬받는 것 둘 다 어려워한다.

Point!

ⓐ 엄마가 자신과 남동생을 차별한다는 진서의 생각이 미치는 부정적인 영향력은 매우 컸는데 자존감이 낮아지고 열등감이 높아지면서 그 후에 친밀한 관계를 맺는 데 어려움을 가지게 되었습니다. 이 사례는 또한 엄마가 칭찬 등을 이용해서 자녀들을 어떻게 보상하는지가 매우 중요하다는 것을 잘 보여 줍니다.

2단계: 용서를 해결전략으로 스스로 선택하기(전환)

그동안 나는 상처를 해결하기 위해 '회피'와 '복수'라는 부정적인 방법들만 사용해 왔다. '그래도 내가 사랑하는 엄마니까, 나만 참으면 아무 문제도 없는 것'이라고 생각하며 나의 상처를 외면했다. 대학교도 집에서 멀리 떨어진 서울에만 지원했다. 내 상처만 외면하면 평화로운 가정이라고 생각해서 상처를 회피하고 엄마와 친하게 지내보려 노력했다. 그러나 사소한 의견 충돌에서 떠오르는 과거의 일들은 상처를 떠올리게 만들어 너무나 괴로웠다.

지금보다 더욱 감정적이었던 청소년기에는 복수하는 방법을 택했다. 사소한 일에 화를 참지 못하고 가족들에게 소리 지르며 화를 냈다. 어린애처럼 고집과 심한 투정을 부리기도 했다. 말다툼이 있을 때마다 엄마에게 상처가 되는 말을 하려 비꼬고 못된 말들만 내뱉었다. 그러다 보니 서로 간의 오해와 상처는 깊어지고, 건강하지 못한 애증관계가 되었다(ⓑ).

지금까지 엄마에 대한 이러한 반응이 나의 정신건강과 대인관계에 부정적인 영향을 미치는 좋지 못한 방법이라고 판단되어, '용서'라는 긍정적인 해결방법을 도입해 보고자 한다. 먼저, 책에서 제안한 방법대로 용서 시도 결심 서약서를 작성하여 책상에 붙였다.

Point!

ⓑ 상처에 대해서 복수하는 방법을 택했을 때 상황이 얼마나 악화되는지를 잘 보여 주고 있습니다. 이 사례에서는 모녀 간에 오해와 상처가 더욱 깊어지며 건강하지 못한 애증관계가 형성되고, 더 나아가 다른 가족들에게도 부정적인 영향을 미치고 있습니다.

3단계: 진정한 용서하기 전략 실천하기

◆ 새로운 눈으로 바라보기

엄마의 삶을 조사하면서 엄마의 성장 과정에 대해서 처음 알게 되었고 느끼는 것이 많았다. 엄마가 나에게 온전히 관심을 주기 어려웠던 이유, 엄마의 성격적인 측면 등을 알게 되자 나에게 상처를 주었던 상황을 좀 더 이해할 수 있었다. 여전히 원망하는 감정은 남아 있지만 '엄마가 나를 싫어하기 때문에, 사랑하지 않기 때문에 그런 거야' 라는 의심은 어느 정도 해소되었다.

◆ 공감과 측은지심의 발달

엄마의 삶에 대한 과제를 하면서 아빠의 직장 때문에 떨어져 살며 한부모 가정이나 다름없이 나와 동생을 키워 왔을 엄마의 입장을 다시금 돌아보게 되었다. 일과 가정을 모두 포기할 수 없었던 한 여성이 눈에 들어왔고 그녀의 야망과 욕심을 알게 되자 엄마가 해 왔던 행동, 보여 준 태도가 다르게 다가왔다.

용서 보고서 과제도 수행할 겸 부모님과 내가 어렸을 때 받았던 상처들에 대한 이야기를 나누는 시간을 보냈는데, 그 과정에서 엄마가 나를 사랑하지 않은 것이 아니라 사랑을 표현하는 방식이 달랐을 뿐이라는 사실을 알게 되었다(ⓒ). 감정적인 소통을 나누는 법을 잘 몰랐지만, 주말마다 뮤지컬도 보러 가고 전시회도 데려가고 이런저런 체험을 시켜 주었고, 아빠의 빈자리를 메꾸려 부단히 노력했다는 엄마의 말을 듣고 엄마는 나와는 다른 방식이지만 나름대로 사랑을 표현하고 있었다는 것을 깨달았다.

눈물이 메마른 사람이라고 생각했던 엄마도 내 말에 상처를 받고 심한 말다툼 후에는 방에서 홀로 눈물을 흘렸다는 이야기를 듣고는 나도 눈물을 흘릴 수밖에 없었다. 그리고 나서 엄마와 나는 서로의 오해를 풀고 상처를 주지 않기 위해 앞으로 상대방의 행동에 상처를 받으면 바로 말하기로 약속했다.

Point!

ⓒ 부모님이 준 상처에서 학생들이 벗어나게 되는 가장 큰 계기는 부모님이 자신을 사랑한다는 것을 깨닫는 것입니다. 진서의 경우도 엄마가 자신을 사랑하지 않은 것이 아니라 사랑을 표현하는 방식이 달랐다는 사실을 알게 되면서 엄마에 대해 공감하게 되고 측은지심까지 생겨나게 되었습니다.

◆ 우리가 모두 인간으로서 불완전한 존재라는 것을 통찰하기

앞선 성찰을 통해 그동안 엄마가 해 준 일들은 떠올리지 못하고 엄마가 해 주지 못했던 일들만 떠올리고 있음을 알게 되었다. 행복해 보이는 남의 가정과 완벽해 보이는 다른 엄마들과 비교하며 왜 엄마는 이것도 못해 주느냐고 말하는 것이 직장생활과 육아를 병행하던 엄마에게 얼마나 큰 상처와 짐이 되었을까 깨달았다. 또 유년기에 동생보다 책 읽기를 좋아하고 훨씬 총명했던 나를 보며 자연스레 기대치가 높아졌기에 그만큼 동생보다 나에게 바라는 것이 많았다는 사실도 이해하게 되었다. 동시에 내가 받은 상처를 빌미로 독재자같이 굴며 가족들을 못살게 굴었음을 깨닫자 엄마에게만 책임 전가를 했던 것이 너무 부끄럽고 미안하게 느껴졌다.

◆ 상처를 흡수하기

부모님과의 대화와 성찰로 내가 받은 상처를 빌미로 타인을 공격하는 것은 결국 제 살 깎아 먹기나 다름없다는 사실을 깨달았다. 사소한 일에도 화가 많고 신경질적인 나인데, 그 뒤로 분노를 가라앉히는 방법을 실천 중이다. 누군가에게 화가 나면 우선 모든 행동을 멈추고 '그럴 수도 있지.'를 속으로 생각한다. 상대방의 말과 행동에는 다 이유가 있을 것이라고 생각하고 이유를 찾다 보면 불타올랐던 분노는 사라지고 냉정하게 상황을 파악할 수 있다. 또 우리는 완벽하지 못한 인간이기에 이런 실수는 할 수 있는 것이고 나 또한 어디선가 실수를 저지를 수 있다고 생각하면 어느새 분노는 가라앉고 보다 너그

러워진다. 이 방법을 실천하니 사소한 일에 신경질을 내는 횟수가 현저히 줄어들었다.

◆ 고통의 의미를 발견하기

엄마의 지적이 나를 발전시키는 원동력이 되었음을 깨달았다(ⓓ). 엄마는 트집이 아니라 정말로 내가 부족한 점들을 집어 주셨는데, 인정을 받지 못한 점은 조금 아쉽지만 그만큼 더 완벽한 나를 위해 조언해 주셨다고 생각하면 기분도 나쁘지 않고 오히려 내가 나아가야 할 방향을 알려 주셨다고 생각할 수 있다.

Point!

ⓓ 진서가 발견한 고통의 의미는 엄마의 지적이 자신을 발전시키는 원동력이 된다는 것입니다. 엄마의 조언은 자신을 더 완벽하게 만들기 위한 것이고, 자신이 나아갈 방향을 제시해 준다는 사실을 용서하기 전략을 실천하면서 뒤늦게 깨닫게 된 것입니다.

◆ 당신에게 상처를 준 사람에게 선물하기

엄마와 대화를 나눈 다음 날, 출근하는 엄마에게 카톡으로 커피 기프티콘을 보내 드렸다. 커피를 좋아하시는 엄마는 고맙다고 하셨다. 그리고 시간이 있을 때 집안일을 도와 드렸더니 많이 좋아하셨다.

◆ 주변 사람들에게 도움 구하기

타인에게 사적인 이야기를 하는 것에 어려움을 느껴서 여태껏 친구는 물론 가족에게도 내 이야기를 털어놓은 적이 없었다. 그런 내가 유일하게 문제를 털어놓은 사람이 아빠였다. 아빠는 나와 엄마의 관계를 알고 있고 성격도 무던하며 편안한 사람이라 아빠에게는 털어놓을 수 있었던 것 같다. 아빠는 나의 상처에 대해 조용히 들어 주며 때론 공감도 해 주고, 배우자로서 지켜본 엄마의 고충을 이야기해 주며 엄마가 왜 그랬는지에 대해 내가 생각해 볼 수 있도록 만들어 주었다. 아빠와의 대화는 모녀 사이의 갈등을 해결하는 데 큰 도움이 되었다(ⓔ).

Point!

ⓔ 용서 전략 중의 하나는 '주변 사람들에게 도움 구하기'입니다. 다른 사람에게 자신의 상처를 내보이는 것이 매우 어렵고 수치스럽게 느껴져서 이야기하는 것을 꺼릴 수도 있습니다. 그러나 내가 먼저 상처를 털어놓게 되면 대부분의 경우에 주위 사람들은 공감과 지지를 해 주고 이것이 인간관계를 더욱 친밀하게 만들어 줍니다. 특히 가족 간의 용서 과정에서 다른 가족들이 주는 공감과 지지는 그동안 상처 때문에 악화되었던 가족관계를 더욱 가깝게 만들어 줄 수 있습니다.

◆ 용서를 공개적으로 선언하기

용서하기 증서를 작성하고 아빠를 보증인으로 세웠다. 이 증서는 매일 앉는 책상 앞에 붙여 놓고 책상에 앉을 때마다 들여다보며 용서를 실천하기 위해 노력 중이다.

4단계: 진정한 용서하기 전략 실천 평가하기

용서하기 전략 실천 점검표를 작성해 보았을 때, 미흡했던 부분은 '고통의 의미를 발견하기'였다. 아직 엄마의 지적 방식을 다 이해하기는 어렵다. 같은 지적을 하더라도 잘한 부분은 충분히 칭찬해 주고 했더라면 내가 받았던 상처는 훨씬 줄어들었을 것이고 이런 문제가 생기지 않았을 거란 생각이 자꾸 든다. 그래서 최대한 긍정적으로 생각하고 엄마의 삶과 성격을 이해해 보려 더 노력하는 중이다.

용서하기 결과 평가

한국인 용서하기 척도로 평가해 보니 나의 용서하기 총점은 36점으로 높은 수준이다. 꾸준한 용서하기 연습으로 다른 사람에게도 적용시킬 수 있도록 노력해야겠다.

지난 22년간 애써 회피해 왔던 상처를 다시 직면하는 것은 생각보다 더 고통스러운 과정이었다. 주위에 '화목한 우리 가족'이라 자랑해 왔는데 그런 이상이 부정당하는 기분이었기 때문이다. 또 살면서 엄마와의 관계를 개선하기 위해 노력을 전혀 해 보지 않았던 것도 아니고, 시도해 봤으나 항상 수포로 돌아가고, 끝은 말다툼이었기에 이번에도 잘 풀리지 않을까 봐 걱정이 정말 컸다. '이런 노력 없이도 그럭저럭 잘 살아왔는데 이런 고통스러운 과정이 굳이 필요할까?'라는 생각이 들어서 스스로 합리화할 뻔하기도 했다. 다행히 용서의 결과는 너무나 만족스러웠다. 이번 기회를 통해 배운 '용서하기'와 '화해하기'를 계속 연습해서 다른 사람에게도 쓸 수 있기를, 나의 상처에서 벗어나 행복을 꽃 피울 수 있기를 바라며 보고서를 마무리한다.

[사례 분석]

1. 진서의 용서하기에 대한 분석

1) 상처와 영향

진서는 어릴 적부터 남동생과 차별하는 엄마에게서 상처를 많이 받았습니다. 특히 남동생은 작은 것에도 크게 칭찬해 주는 반면에 자신에게는 칭찬이나 보상을 해 주지 않는 엄마 때문에 자신감을 잃고 열등감을 느끼며 대인관계에서 위축되었습니다.

2) 용서하는 데 도움이 된 것

진서가 용서하는 데 도움이 된 것은 엄마의 삶에 대해 알아보는 과제였습니다. 왜 진서에게 그런 상처를 주었는지 완전히 새로운 시각에서 이해하고, 공감할 수 있는 시간을 제공해 주었기 때문입니다. 사실 그전에도 진서는 엄마의 입장에서 이해하려는 시도를 해보았는데, 너무나 피상적이고 상대방의 입장을 알 수가 없으니 그 가치관을 도저히 이해할 수가 없었습니다. 그런데 엄마가 살아온 배경, 성격, 처한 상황을 구체적으로 분석하고 다시 바라보니 더욱 이해가 잘되고 공감까지 이끌어 낼 수 있었습니다.

3) 용서하는 데 방해가 된 것

진서가 용서하는 데 방해가 된 것은 상처를 괜히 들추는 것은 아닐까 하는 마음이었습니다. 지금 그대로 외면하고 사는 것도 충분히 괜찮은 것 같은데 굳이 힘들게 직면해야 할까, 너무 어려운 문제를 건든 것은 아닐까 하는 마음이 가장 큰 방해물이었습니다.

4) 화해하기

진서는 용서하기의 과정을 마치고 나서 엄마와 화해하기 과정을 시도하고 좋은 결과를 가져올 수 있었습니다. 특히 용서하기의 과정 중에서 부모님과 대화하며 엄마의 사과를 들을 수 있었던 것이 화해를 시작하는 데 큰 도움이 되었습니다.

2. 진서의 외상 후 성장에 대한 분석

1) 자신감/자존감이 높아졌습니다.

진서는 엄마의 사랑을 확인하게 되었습니다. 그리고 남동생과의 차별이 유년기에 동생보다 책 읽기를 좋아하고 훨씬 총명했던 자신에 대한 엄마의 기대치가 높았기에, 그만큼 동생보다 나에게 바라는 것이 많아서 생겨났다는 사실을 이해하게 되었습니다. 그래서 열등감이 사라지고 자신감과 자존감이 높아지게 되었습니다.

2) 타인에 대한 이해와 공감이 발달하게 되었습니다.

진서는 용서를 하고 난 후에 누군가를 온전한 사람으로 보는 시각을 가지게 되었습니다. 그동안 자신과의 관계에서 드러나는 행동이나 성격으로만 그 사람을 평가했는데, 이젠 그 사람도 살아온 삶이 있고 자신이 단면적으로 평가할 수 없는 독립된 개체라는 것을 깨달았습니다. 그리고 한 사람으로서 존중할 수 있게 되었습니다. 더 나아가서 진서는 사람에게 좀 더 너그러워지게 되었습니다. 이전엔 굉장히 신경질적이고 예민한 사람이었는데 공감하는 과정에서 '그러려니' 하는 방법을 사용하다 보니 습관이 되어 범죄 정도의 수준이 아닌 이상 남의 문제에도 그러려니 하고 넘어갈 수 있게 되었습니다.

3) 자기통제력과 스트레스 대처기술이 발달하게 되었습니다.

진서는 누군가에게 화가 나면 우선 모든 행동을 멈추고 '그럴 수도 있지.'를 속으로 생각하게 되었습니다. 상대방의 말과 행동엔 다 이유가 있을 것이라고 생각하고 이유를 찾다 보면 불타올랐던 분노는 사라지고 냉정하게 상황을 파악할 수 있었습니다. 또 우리는 완벽하지 못한 인간이기에 이런 실수는 할 수 있는 것이고 나 또한 어디선가 실수를 저지를 수 있다고 생각하면 어느새 분노는 가라앉고 보다 너그러워졌습니다. 그래서 사소한 일에 신경질을 내는 횟수가 현저히 줄어들었습니다.

4) 가족관계에서 친밀감을 형성하게 되었습니다.

엄마를 용서하고 화해하면서 엄마와의 관계가 좋아졌습니다. 이 과정에서 아빠의 도움을 받으면서 아빠와도 더 가까워지게 되었습니다. 그러다 보니 가족 분위기가 훨씬 화목해졌습니다.

모진 말로 나에게 상처 준 엄마를 용서하기 _ 정유나

Point!

학생들의 용서 보고서를 보면서 알게 된 것은 의외로 부모가 자녀에게 폭언을 많이 한다는 것입니다. 심지어 "너는 쓰레기야! 너는 삼류인생을 살 거야!", "너 때문에 내 인생이 망했어."라는 심한 말까지 하는 부모님도 있었습니다. 나는 부모님이 의도적으로 자녀에게 폭언을 한다고 생각하지 않습니다. 대부분의 경우는 자녀를 자극해서 더 잘되게 하기 위해, 또는 자녀에게 적절하게 표현하는 방법을 몰라서 폭언을 하게 됩니다. 그러나 부모님의 폭언은 자녀에게 엄청난 악영향을 미칩니다.

유나의 사례는 엄마의 폭언이 자녀에게 어떤 부정적인 영향을 미치는지를 잘 보여 줍니다. 유나가 엄마의 모진 말로 얼마나 상처를 받았는지, 어떻게 그 상처를 극복해 나가는지를 주의 깊게 살펴보시기 바랍니다.

당신은 어떻게 생각하세요?

• 다음 질문에 대한 당신의 답변을 정리하면서 사례를 읽으면 사례를 이해하고 활용하는 데 도움이 됩니다.

1. 이 사례의 당사자는 누구에게서 어떤 상처를 받았나요? 그 영향은 무엇인가요?

2. 용서를 통해 어떻게 치유되고 성장하게 되었나요?

3. 이 사례에서 가장 당신의 마음에 와닿은 것은 무엇인가요?

1단계: 상처 직면하기

얼마 전에 엄마는 끈기가 부족한 내 성격에 대해 크게 비난을 했다. 첫 번째는 내가 아르바이트를 한 달 만에 그만둔 것에 대해 "넌 어떤 일도 진득하게 하지 못한다, 넌 평생 제대로 하는 일이 단 하나도 없을 것이다, 너 같은 애들이 직장에 가면 1년도 안 돼서 그만두는 것이다."라고 비난을 했다(ⓐ). 내가 처음 일을 시작한 레스토랑에서 그곳에 오랫동안 있던 알바생들이 내가 무언가 물어봐도 대답을 해 주지 않는 등 '은따'를 시켰다. 여기에 상처를 받고 더 이상 못하겠어서 그만두었다. 엄마는 내가 왜 그만두었는지 먼저 얘기를 들어 주고 그래도 수고했다고 할 줄 알았지만, 화를 내며 나와 말조차 하지 않으려고 했다.

두 번째는 대입 결과에 대해 비난한 것이다. 어렸을 때부터 나는 학원에 단 한 번도 다니지 않고 오직 나 혼자 공부를 했다. 그래도 성적은 상위권이었고, 모두 "넌 정말 잘될 거야."라고 말해 주었지만 기대만큼 좋은 결과를 얻진 못했다(난 만족한다). 그럼에도 엄마는 결과만 보고 왜 최선을 다해서 공부하고, 준비하지 않았냐고 비난을 했다. 그러면서 내게 "너는 B급이고 거기에 만족하며 살아."라고 말했다.

나는 엄마에게서 큰 상처를 받았고 그 상처는 나에게 많은 영향을 미쳤다. 첫째, 든든한 내 편이 없어진 느낌이었다. 이전까지 내게 엄마란 존재는 무슨 일이 있어도 무조건 내 편 같은 존재였다.

다른 사람, 일에 아무리 상처를 받아도 엄마라는 든든한 지지대가 있었기 때문에 빨리 털어낼 수 있었다. 하지만 이 일로 인해 힘든 일이 있어도 말할 사람, 응원해 줄 사람이 없다고 느껴졌고 사소한 일에도 크게 동요하고 힘들어하게 되었다.

둘째, 자신감이 없어졌다. 이전까지 나는 항상 끈기는 부족해도 포기하지 않는 사람이었다. 발표를 잘 못해서 망쳤다면 어떻게든 발표를 하는 상황을 만들거나 대회에 참여해서 발표실력을 키웠고, 시험에서 좋지 않은 결과를 받았으면 잘하는 친구들을 따라 하며 다음엔 더 좋은 성적을 받아 냈다. 나는 부족해도 발전할 줄 아는 사람이었으며, 실제로 발전하는 사람이었다. 하지만 엄마의 발언으로 인해 '내가 발전하는 사람이라고 생각했는데, 그건 내 착각이고 난 별 볼일 없는 사람인 걸까?'라는 생각을 하게 되었다. 도전은 항상 즐겁고 실패는 그저 순간의 것이라고 생각했었는데, 도전을 두려워하고 한 번의 실패에 크게 동요하게 되었다.

결과적으로 나는 스스로에게 자신감이 없어지고 가치 없는 사람이라고 느꼈다. 도전과 실패를 두려워하다 보니 방에만 있었고, 삶이 재미없다고 느껴졌다. 어떤 일도 제대로 해내지 못할 것이라는 생각에 도전하는 것에 두려움이 생겼고, 그 결과 새로운 알바를 할 때 잘못할까 두려워하며 적극적으로 배우지 못했다.

Point!

ⓐ 여기에 나온 유나 엄마의 폭언을 주의 깊게 살펴보세요. "넌 평생 제대로 하는 일이 단 하나도 없을 것이다.", "너는 B급이고 거기에 만족하며 살아."와 같은 말을 자신이 믿고 의지하는 엄마에게서 들었을 때 유나는 얼마나 마음이 아팠을까요? 그 결과 유나는 자신감이 없어지고 가치 없는 사람이라는 생각을 하게 되었으며, 일상생활에서도 여러 가지 부정적인 영향을 받았습니다.

2단계: 용서를 해결전략으로 스스로 선택하기(전환)

그동안 엄마가 준 상처를 회피하려고만 하다가 이번 기회에 엄마를 용서 대상으로 정해서 용서의 과정을 따라가 보기로 했다.

3단계: 진정한 용서하기 전략 실천하기

◆ 새로운 눈으로 바라보기

엄마는 어렸을 때부터 유능하고 책임감이 강했다. 하지만 부모님에게 사랑받지 못했다. 초등학교 1학년 때부터 고등학생 때까지 받은 상장은 온 집안을 도배할 수 있을 정도로 많았다. 그 후 결혼해서 아이 세 명을 낳고서도 맞벌이를 하였고, 집에서는 주부로서 모든 집안일을 했다. 엄마는 언제나 최선을 다했고 완벽하게 해냈지만, 그 누구도 칭찬은커녕 "네가 한 게 대체 뭐냐?"라며 노고에 대해 인정해 주지 않고 욕만 했다.

엄마는 스스로의 삶에 너무 지쳐 있었을 것이다. 자신의 삶이 너무나도 힘든 것을 알기에 자신처럼 살지 않도록 딸이 경제적으로 독립적이고, 심적으로 단단한 사람이 되길 바랐을 것이다. 하지만 기대와 다르게 마음이 너무 여리고, 뭐든 끈질기게 하지 못하는 것을 보며 속상했을 것이다. 자신과 같은 삶을 살 것이라는 생각에 걱정과 동시에 화가 났을 것이다. 나에게 상처를 줬을 때 특히 잠도 조금밖에 못 자고 일을 하느라 힘들어서 더 예민해져 있었을 것 같다. 그러다 보니 엄마가 순간의 걱정, 화를 참지 못하고 나에게 모질게 말한 것이라는 생각이 들었다.

◆ 공감과 측은지심의 발달

엄마는 기대에 못 미치는 딸이 원망스럽기도 하지만 속상한 마음이 더 컸을 것이다. 순간적으로 화가 나서 소리쳤지만 마음속 짐이 돼서 스스로도 힘들었을 것 같다. 나도 예전에 내 외모로 놀리는 친구에게 화가 나서 친구의 단점을 모조리 말하며 화를 냈었다. 그 이후 몇날 며칠 내가 했던 말이 생각났었다. 친구에게 상처를 주고자 한 말이었지만, 내가 그런 말을 했다는 사실 자체에 스스로 상처를 받았었다.

엄마도 그랬을 것 같다. '괜히 그런 식으로 말했나, 유나에게 너무 상처를 준 걸까, 나는 엄마로서의 자격이 부족한 걸까' 등의 생각을 하며 스스로 괴로워했을 것이다. 엄마가 어렸을 때 부모님께 모진 말을 듣고 마음 아파했는데 자신의 딸에게 똑같이 하는 것 같아 스스로 화도 났을 것 같다. 이번에 엄마가 나에게 했던 말은 분명 엄마의 잘못이다. 그럼에도 엄마가 너무 안쓰럽게 느껴진다. 나에게 그렇게 말하기까지 엄마의 삶이 안쓰럽고, 말을 한 이후에도 마음 불편하게 있었을 엄마가 안쓰럽다.

◆ 우리가 모두 인간으로서 불완전한 존재라는 것을 통찰하기

나에게 엄마는 항상 슈퍼맨 같은 존재였다. 그래서 엄마도 힘들 수 있다는 것, 틀릴 수도 있다는 것을 인지하지 못했다. 엄마는 완벽하고 그 누구보다 단단해 보이지만, 그저 한 사람일 뿐이다. 엄마도 최선을 다했을 때 인정받고 싶었을 것이고, 힘들 땐 다 포기하고 쉬고 싶었을 것이다. 아무리 열심히 해도 "엄마 수고했어, 엄마가 최고야, 사랑해" 말 한마디 안 해 주는 자식들이 얼마나 야속하게 느껴졌을까? 아무에게도 인정받지 못하는 힘든 삶을 유지하면서 많이 예민해지고 속으로 화도 많이 쌓였을 것이다.

나는 살면서 엄청나게 많은 실수를 했다. 엄마가 매우 아끼던 물건을 망가뜨린 적도 있고, 사춘기 때는 짜증나게 하지 말라며 화를 낸 적도 있다. 하지만 그럼에도 엄마는 "유나야, 괜찮아."라며 항상 안아 주었고, 먼저 미안하다고까지 얘기해 주었다. 엄마는 나를 만 번도 넘게 용서해 주었는데 나는 엄마를 한 번도 제대로 용서해 준 적이 없다. 엄마가 용서를 해 준 것처럼 나도 엄마를 용서해 줄 것이다. 엄마도 엄마가 처음이기에 매 순간의 선택이 꼭 올바르지 않을 수 있다. 엄마가 내게 한 말과 행동들도 한순간의 잘못된 선택일

뿐 엄마의 모든 것이 아니다(ⓑ).

Point!

ⓑ 자신의 받은 상처에 대한 유나의 놀라운 통찰력이 보입니다. 엄마도 엄마가 처음이기에, 불완전한 인간이기에 실수를 할 수도 있다는 것을 깨닫게 되면서 유나의 용서는 더욱 깊어집니다.

◆ 상처를 흡수하기

엄마에게 상처를 받은 후, 주변의 많은 사람을 힘들게 했다. 먼저, 엄마한테도 툴툴거렸고, 일부러 엄마의 아픈 부분들을 교묘하게 건들면서 상처를 주었다. 또 처음에는 상처로 인한 스트레스를 해결하는 방법을 몰라서 듣는 친구의 상황은 생각하지 않고 무조건 내 이야기만 했다. '나는 이렇게나 힘든데 왜 다른 사람은 알아주지 못하는 거야? 아무도 내 마음을 이해 못해.'라는 생각을 가지고 있었다. 항상 불평만 듣고 있는 친구도 들어 주느라 힘들었을 것이다. 또 가족도 의지할 만한 존재가 아니란 생각이 들었고, 그 이후에 모질게 대했다. 동생이 공부를 도와달라고 할 때도, 요리를 도와달라고 할 때도 "내가 널 왜 도와줘야 해?"라고 말하며 무시했다.

처음에는 내가 상처받은 만큼 주변 사람들도 상처를 받는 것 같아 기분이 좋았다. 하지만 그건 찰나였다. 상처를 주는 내 모습이 너무 못나 보였고 '나는 왜 이 정도밖에 안 되는 사람인 걸까?'라는 생각을 하며 자책했다.

이 책을 읽고 더 이상 내 상처를 다른 사람에게 되돌려 주지 않고 스스로 수용하고자 마음먹었다. 그래서 세 가지의 행동을 했다. 첫 번째는, 2주일 동안 자기 전에 책에 나와 있는 대로 '나는 내가 고통에서 벗어나기를 바랍니다. 그리고 내가 행복하고 평안하기를 소망합니다.'라고 세 번씩 마음속으로 외쳤다. 큰 효과가 직접적으로 느껴지진 않았지만, 음악을 들으면서 스스로에게 좋은 말을 해 주니 확실히 기분은 좋았다. 그때 들었던 빗소리 asmr을 들으면 기분이 좋아지는 것을 보면 확실히 기분전환에는 효과가 있는 것 같다.

두 번째로 일기를 썼다. 그전에도 일기를 썼었지만 귀찮다는 핑계로 미뤄 놓는 경우가 많았었다. 매일매일 써야 한다는 부담을 버리고, 우울한 날에 내 기분과 생각에 대해 모조리 적었다. 나에 대해 돌아볼 수 있었고, 더 이상 내 기분 때문에 남을 모질게 대하지 않게 되었다.

마지막으로, 그림을 그렸다. 학업과 과제에 지쳐서 한동안 그림을 그리지 않았었다. 시간을 내서 내가 좋아하는 것들의 사진을 찾아 그리기도 하고, 상상해 그리기도 했다. 몇 달 동안 우울한 상태로 살았는데, 점점 내가 좋아하고 잘하는 것들이 보였고 스스로 긍정적으로 변해 가는 게 느껴졌다.

◆ 고통의 의미를 발견하기

엄마에게서 대학 입시 결과를 비난하는 말을 들었던 처음 한 달은 굉장히 힘들었다. 중 1 때부터 재수를 할 때까지 내 약점을 보완

하고, 희망 진로를 찾고 혼자 공부를 해 나간 과정은 내 삶의 많은 부분을 차지하고 있었기 때문이다. 말 몇 마디로 그 모든 것이 다 부정당한 것 같았고, 내가 가치 없는 사람처럼 느껴졌다. 매일 엄마가 한 말에 대해 생각하고 우울해했기 때문에 이 고통이 처음에는 내 인생에 방해만 되는 장애물인 줄 알았다.

하지만 배운 게 많았다. 크게 세 가지가 있다(©).

첫 번째로 스트레스를 해소하는 방법을 배웠다. 앞서 언급했듯이, 속마음을 털어놓는 일기를 쓰기 시작했다. 그렇게 매일 쓰다 보니 어느새 화가 나거나 속상한 일이 있을 때 글로 천천히 생각을 정리해 보면 스트레스가 해소되었다. 예전에 나는 스트레스를 관리하는 법을 몰라서 스트레스성 위염, 위궤양이 심했고 항상 약을 먹고 살았다. 하지만 이 방법을 터득한 후에는 거의 완치가 되었다.

둘째, 나의 가치를 찾고 개발하려는 노력을 더욱 적극적으로 하게 되었다. 엄마의 말에 반박하기 위해 스스로 더욱 가치 있는 사람이 되고자 결심했다. 그렇게 포토샵, 일러스트, 영어회화 등 내가 관심 있는 분야에 대해 배우기 시작했다.

셋째, 조금 더 단단한 사람이 되었다. 엄마의 말은 내 머릿속 깊은 곳에 박혀 평생 나를 짓누를 것이라고 생각했다. 하지만 엄마가 한 말과 다르게 꾸준히 하나의 일을 해서 칭찬을 받고, 상도 받다 보니 엄마가 한 말이 크게 상처가 되지 않았다. 항상 다른 사람의 말에 크게 동요했었지만, 나에 대해 누가 어떤 말을 하든 크게 신경 쓰지 않고 넘길 수 있게 되었다. 상대가 말하는 내 약점은 다른 것일 뿐 틀린 게 아니고, 설령 그게 틀린 것이라도 난 스스로 고치고, 해결할 능력이 있다는 것을 알게 되었기 때문이다(물론 이 생각이 자만심이 되면 안 되겠지만, 자신감이 부족했던 그 당시 나에게는 큰 도움이 된 생각이다).

Point!

ⓒ 유나는 고통의 의미를 발견하는 능력이 아주 좋습니다. 크게 세 가지 의미를 발견했는데, 바로 이것이 유나의 외상 후 성장을 잘 보여 줍니다. 과거에 유나는 엄마의 폭언을 듣고 자신감이 없어지고 가치 없는 사람이라는 생각을 하게 되었고, 일상생활에도 부정적인 영향을 받게 되었습니다. 그러나 용서의 과정을 통해 유나는 스트레스 해소 방법도 배우고, 더 적극적으로 자신의 가치를 찾고 개발하려는 노력을 하게 되었으며, 더욱 단단한 사람이 되었습니다. 유나가 상처와 용서를 통해 얼마나 많이 성장하게 되었는지 놀랍기만 합니다.

◆ 당신에게 상처를 준 사람에게 선물하기 → 화해하기

엄마에게 선물을 주었고, 이는 엄마를 진정으로 용서하게 된 계기가 되기도 했다. 어떤 선물을 할지 굉장히 고민을 많이 했다. 내 마음을 표현하는 선물을 하고 싶었다. 그래서 결정한 선물은 편지(별로 편하지 않음)와 엄마의 장점 20가지에 대해 쓰고 관련된 그림을 그려 넣은 작은 그림책(아주 편안함), 그리고 꽃 그림(아주 편안함)이었다. 편지는 모진 말을 한 뒤 자책하고 있을 엄마를 위로하고 용서하는 동시에 내 속마음을 말하고자 썼다. 살면서 처음으로 내가 속상했다는 것을 직접적으로 표현해 본 것이었다.

사실 답을 바라고 쓴 건 아니었는데 엄마는 내게 다음과 같이 답장을 해 주었다. “그래. 내가 생각이 짧았어. 사실은 널 믿어. 항상 믿었어. 근데 유나가 포기해 버릴까 봐 늘 걱정스러웠어. 이제 알았으니 그저 믿고 지켜볼게. 화내서 미안해. 엄마는 영원한 네 편이야. 엄마가 했던 말도 다 진심이 아니었어. 그 말을 했을 때로 돌아갈 수 있다면 억만금을 주더라도 돌아가서 그런 말은 하지 않을 거야. 정말 마음에 없던 말이었어. 엄마가 너무 힘들어서 그랬나 봐. 미안해 우리 딸”이라는 답을 문자로 받았다.

모든 문장이 마음에 와닿았다. ‘엄마와 나는 정말 화해를 한 것 같다’는 생각이 들었다. 편지를 주고받는 과정에서 엄마는 날 정말 사랑하지만, 사랑받아 본 적이 적었기 때문에 표현하는 방법이 서툰 것뿐이라는 생각이 들었다. 그래서 내가 먼저 엄마를 더 사랑해 줘야겠다고 다짐했다. 그런 의미에서 엄마가 정말 가치 있고 인정받을 만한 사람이라는 것을 표현하고 싶어서 엄마의 장점 20가지를 쓴 그림책을 만들어서 드렸다. 엄마가 울면서 이 편지와 그림들은 죽어서도 안고 갈 가장 소중한 물건이라고 했다. 그 말을 듣고 내가 받았던 상처가 모두 사라진 것 같았다(@).

Point!

ⓓ 유나가 엄마에게 준 선물은 상당히 창의적이고 정성이 가득 담겨 있습니다. 이런 선물을 받으면 누구나 감동하고 평생 간직하게 되겠죠. 그러나 커피쿠폰, 설거지, 빨래나 청소 등의 작은 선물도 진심이 담겨 있으면 상대방에게 큰 감동을 줄 수 있다는 것을 기억해 주세요. 어떤 학생의 경우는 아빠의 손이 거친 것을 보고 핸드크림을 선물했더니 아빠가 아주 감동하셨고, 이후에 아빠와의 어색했던 관계가 아주 부드럽게 잘 풀려 나갔다고 합니다.

◆ 주변 사람들에게 도움 구하기

정말 친한 친구들 중에서도 특히 내가 무슨 말을 해도 묵묵히 들어 주고, 안아 주는 친구가 있다. 우리 집의 가정사부터, 엄마가 했던 모진 말까지 모두 털어놓았다. 그랬더니 '힘내' 같은 형식적인 말을 하는 게 아니라, 자신도 아빠와 불화가 있었을 때 아빠한테 같이 산책을 하자고 하고 진솔한 대화를 한 뒤에 풀었다는 말을 해 주었다. 나는 그 말을 듣고 용기를 내어 엄마에게 문자를 했다. 이 친구가 없었더라면 절대 용기를 내지 못했을 것이다. 내가 속상해서 울 때 함께 울어 주고 고민해 줘서 너무나 고마웠다.

◆ 용서를 공개적으로 선언하기

앞의 7가지 전략은 최선을 다해서 했지만, 차마 8번을 하진 못했다. 왠지 모르게 부끄러웠다. 대신 나만의 다이어리에 용서하기 증서를 써 놓고 용서하기 초반에 많이 봤다.

용서하기 결과 평가

용서하기 척도 점수는 42점으로 높은 용서하기 수준이었다. 용서를 실행하면서 나는 너무나 많은 것을 얻었다. 엄마를 원망하던 마음이 사라지니 마음의 평화를 얻을 수 있었다. 또 자신감을 되찾았으며, 선물을 주면서 엄마와 나만의 추억이 생겼고, 힘들 때 옆에 있어 준 친구와 더욱 친하게 지내게 되었다. 또한 일기 쓰기, 그림 그리기 등 스트레스 해소법을 찾게 되어 앞으로 스트레스에 잘 대처할 수 있을 것이다.

'용서하기'를 다른 말로 바꾼다면 '치유의 과정'이라고 하고 싶다. 처음 책을 봤을 때 용서하기는 본인을 위한 것이란 말에 공감하지 못했었는데, 지금은 전적으로 동의한다. 살면서 지금처럼 마음이 편했던 적이 없는 것 같다. 처음엔 '용서하기'가 그저 과제를 하기 위해 시작한 것이었지만, 점점 나 자신을 치유하는 과정으로 바뀌었다. 이러한 경험을 바탕으로, 앞으로 어떤 일이 생기든 '용서하기'를 적극적으로 실천할 것이다.

[사례 분석]

1. 유나의 용서하기에 대한 분석

1) 상처와 영향

유나는 아르바이트를 한 달 만에 그만둔 것, 대학 입시에서 좋은 결과를 내지 못한 것에 대해서 엄마에게서 비난을 받고 모진 말을 들었습니다. 그 때문에 든든한 내 편이 없어졌다는 느낌을 가지게 되었고 자신감도 많이 사라지게 되었습니다.

2) 용서하는 데 도움이 된 것

유나에게는 『상처의 덫에서 행복의 꽃 피우기』 책이 가장 도움이 되었다고 합니다. 특히 엄마의 비난이 자신의 잘못이 아니라 엄마의 잘못이라는 것을 인지하는 데에서부터 시작한다는 통찰이 용서를 하고자 다짐하는 계기가 되었습니다. 이 외에도 친구의 이야기, 자신의 내적 성장, 유나와 엄마가 기본적으로 가지고 있던 서로를 사랑하는 마음이 도움이 되었습니다.

2. 유나의 외상 후 성장에 대한 분석

1) 자신감을 얻었습니다.

유나는 엄마의 말을 듣고 이틀에 한 번 꼴로 울었고, '난 아무것도 못하는 사람이야.'라고 생각하며 스스로를 폄하했었습니다. 하지만 용서를 한 뒤엔 본인이 가치 있는 사람이라는 것을 깨달았습니다.

2) 조건 없이 상대방을 용서하는 법을 배웠습니다.

유나는 보고서를 쓰기 위해 용서하기를 실천하는 경험을 통해 용서가 정말 조건 없이 가능하다는 것, 자기 자신의 마음이 편안해지기에 좋은 것이라는 걸 배웠습니다.

3) 진정한 위로와 치유를 해 줄 수 있는 것이 자기 자신이라는 것을 알게 되었습니다.

유나는 위로와 치유는 상대방이 해 주는 것이라고만 생각했었습니다. 주변의 친구나 의사만이 해 줄 수 있다고 생각했습니다. 그런데 용서하기의 과정을 통해 진정한 위로와 치유를 해 줄 수 있는 것은 본인 자신이라는 것을 깨달았습니다. 상처를 꺼내는 과정이 힘들었지만 그럼에도 상처들을 꺼내 확인한 것, 엄마의 언행이 '잘못'이라고 판단한 것, 문제를 해결하고자 용기를 내서 편지를 쓴 점 등 적극적으로 용서하기를 실천한 자기 자신이 대단하게 느껴졌고, 이 모든 과정을 본인이 주도했다는 것 자체가 유나에게 큰 위로가 되었습니다.

4) 문제를 해결하는 법을 배웠습니다.

유나는 친구와 크게 싸워 본 적이 없었기에 상대와 문제가 있을 때 어떻게 해결해야 하는지 몰랐습니다. 이번 용서하는 과정을 통해 자신의 기분을 직면하고 상대에게 어떻게 표출해야 하는지 배웠습니다.

5) 스트레스를 긍정적으로 해소하는 방법을 배웠습니다.

유나는 용서하는 과정에서 속마음을 털어놓는 일기를 쓰기 시작했습니다. 그렇게 매일 쓰다 보니 어느새 화가 나거나 속상한 일이 있을 때 글로 천천히 생각을 정리해 보면 스트레스가 해소되었습니다. 유나는 과거에 스트레스를 관리하는 법을 몰라서 스트레스성 위염, 위궤양이 심했고 항상 약을 먹고 살았습니다. 하지만 이 방법을 터득한 후에는 거의 완치가 되었습니다.

05

학교폭력 가해자를 대상으로 한 사례 분석

학생들의 용서 보고서를 살펴보면 초 · 중 · 고등학교 시절 학교폭력으로 깊은 상처를 받은 경우가 점점 많아지고 있습니다. 부모보다 친구의 영향력이 더 커지는 시기에 믿었던 친구에게서 배신과 왕따 등을 당하게 되면 학생들은 엄청난 정신적 고통을 호소하게 됩니다. 자아존중감이 낮아지고, 사람을 믿지 못하게 되면서 대인관계에서 늘 불안하고 위축되며, 불안장애나 우울증과 같은 정신장애를 경험하게 됩니다. 심지어는 자해 또는 자살까지 이어지기도 합니다.

다음에 제시된 사례 분석에서는 학생들이 어떻게 용서를 통해 학교폭력 때문에 생겨난 엄청난 고통을 극복하고 성장하게 되었는지를 잘 보여 줍니다.

나에게 모든 잘못을 뒤집어씌우고 왕따시킨 친구를 용서하기 _최현정

Point!

이 사례는 친구 사이에서 일어난 갈등이 한 사람에게 얼마나 큰 상처가 되는지를 잘 보여 줍니다. 현정이가 친구의 배신과 따돌림으로 얼마나 큰 상처를 입었는지, 용서가 어떻게 현정이의 상처를 치유해 주고, 더 나아가서 친구와 화해할 수 있게 만들어 주었는지를 잘 살펴보세요.

당신은 어떻게 생각하세요?

• 다음 질문에 대한 당신의 답변을 정리하면서 사례를 읽으면 사례를 이해하고 활용하는 데 도움이 됩니다.

1. 이 사례의 당사자는 누구에게서 어떤 상처를 받았나요? 그 영향은 무엇인가요?

2. 용서를 통해 어떻게 치유되고 성장하게 되었나요?

3. 이 사례에서 가장 당신의 마음에 와닿은 것은 무엇인가요?

1. 용서하기

1단계: 상처 직면하기

나에게는 인생의 전환점이 되었을 만큼 큰 상처가 있어서, 용서 보고서 과제가 주어졌을 때 곧바로 그 상처가 떠올랐다. 그러나 그 상처를 준 대상을 용서하는 것은 내게 큰 결심이기 때문에, 책을 읽으며 여러 번 적용시켜 보고 나서야 용서를 결심할 수 있었다. 내가 용서를 시도하겠다고 결심하게 된 결정적인 이유는 다른 그 누구도 아닌, 나 자신을 위해서이다. 오래전 상처이지만 내 인생은 그 사건을 시작으로 해서 상처의 덫에 빠져 악순환의 굴레에서 벗어나지 못하고 있기 때문이다.

10년 전 초등학교 때 K라는 가장 친한 친구가 있었다. 어느 날 나와 K는 잘 모르고 매우 심각하게 학교규칙을 어기는 행동을 하였다. 그런데 친구들의 신고로 우리가 학교규칙을 위반한 것이 발각되었다. K는 선생님과 부모님에게 모든 것을 내가 설득했고 자신의 잘못은 하나도 없는 것처럼 말했다. 친구들에게도 그렇게 말하고 내 험담을 늘어놓아 나를 따돌림시켰다.

이 일은 내게 많은 상처를 주고 내 인생에 크게 부정적인 영향을 미쳤다. 나는 원래 친구 만나는 것을 굉장히 좋아하는 외향적인 성격이었는데 이 일이 생긴 후 마음에 상처가 생겼고 누군가와 친해지는 것을 두려워하게 되어서 내향적인 사람으로 변했다. 그 일을 겪은 당시에는 이러한 증상들이 매우 심각했지만, 점차 나아지기는 했다. 그러나 다시 친구들을 사귀게 되었음에도 내게는 정신적 문제로 이상한 징크스들이 생겼다(ⓐ). 나에게 다시 친구가 생긴 것이, 친구들이 다시 마음을 열어 준 것이 너무 소중했지만, 친구가 또다시 갑자기 등 돌리고 떠나갈 것 같아 너무 두려웠다. 그래서 주변의 모든 환경을 다시 친구가 생겼을 때의 그 상태로 맞춰 놓아야 할 것만 같았다. 예를 들어, 전등을 켤 때조차도 불을 한 번 켜면, 내가 다시 친구가 생겼던 그 순간이 틀어질 것만 같아서 한 번 스위치를 더 눌러 짝수로 맞추어 놓아야 친구를 다시 만나게 된 그 순간의 전등 상태로 맞춰 놓는 것 같았다. 그래서 불을 켤 때도 꼭 두 번을 켰다 껐다 해야 했다. 거의 모든 행동에서 이런 이상한 징크스가 생겨났다.

당시 나의 이런 행동에 스스로 정신적으로 문제가 있다고 느꼈지만, 나 스스로가 너무 이상한 사람처럼 보여서 그 누구에게도 내가 이런 행동을 하는 이유를 말하지 못했다. 부모님은 내가 정수기 물을 따를 때 버튼을 여러 번 껐다 켰다 하는 것을 보고 이상하다고 생각하고 혼내기도 하셨다. 지금은 시간이 많이 지났고, 고치려 노력한 덕분에 그런 문제는 없어졌지만 K에게서 받은 상처로 인해 내가 정신적으로 많이 아팠던 것 같다.

이후 나는 성장하면서 이대로 살아갈 수 없음을 깨닫고 하나씩 헤쳐 가려고 노력했다. 밝은 척하기, 사람들에게 착한 말과 좋은 말만 하기 등등. 이런 노력 끝에 지금은 주변에 친구가 많다. 그러나 여전히 내가 진심으로 친구라고 느끼고 마음을 다 연 친구는 손에 꼽을 정도로 적다. 아니 거의 없다. 나는 과거의 상처로 인해서 겉으로 어느 정도 친해지고 나면 더 이상 가까이 가기가 두려워 친구에게 선을 그어 버린다. 혼자 있을 때 친구에 대해 생각하면 한없이 외롭고 혼자인 것 같은 느낌에 빠져들고는 한다.

그때의 상처는 지금도 많은 영향을 미치고 있다. 시간이 많이 지났기에 겉으로는 모두 잊은 것처럼 사람들과 지낼 수 있게 되었지만 사실 아직까지도 그때의 일이 불쑥 떠올라 나의 진실한 인간관계에 영향을 미치고는 한다.

Point!

ⓐ 친구의 배신과 따돌림이 현정이를 너무나 힘들게 해서 일상생활에서 강박적인 사고와 행동까지 하게 되었습니다. 그리고 오래전 초등학교 때의 사건임에도 불구하고 이 용서 보고서를 쓰기 전까지 10년 이상이나 계속해서 진실한 인간관계를 맺는 데 부정적인 영향을 미치고 있었습니다. 이것은 학교폭력의 영향이 얼마나 심각하고 지속적인가를 잘 보여 주며, 학교폭력 피해자들의 치유와 회복을 위해서 우리가 많은 관심을 가지고 장기적으로 적절한 조치를 취해야 한다는 것을 말해 줍니다.

2단계: 용서를 해결전략으로 스스로 선택하기(전환)

그동안 다시 친구들을 사귈 수 있게 되었는데 무엇이 문제일까에 대해서 생각을 많이 했다. 그 이유는 내가 K를 진정으로 용서할 생각조차 해 보지 않고 상처를 묻어 두고 살아와서 그런 것 같다. 당시 K가 내게 저지른 일들은 분명히 잘못된 것이기에 친구를 용서할 수 없다고 생각했다. 상처 체크리스트를 작성하면서 내 상처를 직면하고 나니 그때 겪었던 마음들이 다시 떠올라 K가 또 밉기도 했다.

그런데 이 책에서 용서와 정의실현은 분명히 다른 것이고 상대가 정의에 어긋나는 일을 해서 나에게 부당한 상처를 입혔다는 것을 확인하는 데에서 용서가 시작된다는 문장이 내 명치를 때리듯 크게 와닿았고, 다른 사람이 아닌 나를 치유하고 회복하기 위해 더 적극적으로 진정한 용서를 위한 노력을 해 보기로 하였다. 나는 그동안 근본적인 문제해결이 용서와 화해일 수도 있다는 생각조차 하지 못하고, 내 상처를 다른 사람들에게 감추고 억압하고 회피해 왔기 때문에 정신적인 문제까지 겪었던 것 같다. 벽에 구멍이 났는데 구멍을 메꿀 생각은 하지 않고, 구멍 위에 스티커를 붙여서 한껏 장식만 했었다. 구멍은 그대로 있는데, 나는 그것을 모르고 겉으로만 아무렇지 않아 보이게 나 자신과 주변 사람들을 속여 왔던 것이다.

나는 이제라도 근본적인 문제해결을 목표로, 회피가 아닌 제대로 된 용서를 위한 용서 시도를 결심하는 서약서를 작성하기로 했다.

3단계: 진정한 용서하기 전략 실천하기

용서 서약서를 작성하고 나니 용서할 용기가 조금은 생긴 것 같았지만, 이때까지만 해도 어떻게 용서를 해야 할지 제대로 알지 못했다. 그러나 너무 고맙게도 이 책에서 그 방향을 제시해 주었고 나는 여덟 가지 용서 전략을 모두 적용해 보면서 적절한 전략을 찾아 나갔다.

◆ 새로운 눈으로 바라보기

나는 K의 입장에서 그 일이 있기 전에 그 아이가 어떤 삶을 살았는지 적어 보았다. K는 집에서 외동딸로 자랐다. 부모님은 K의 학업에 관심이 많으시고, K도 공부를 잘해서 늘 성적이 좋은 모범생이었다. K는 학교에서 나랑 가장 친한 친구였고, 우리 둘 다 반에는 친구가 많고 인기가 많았다. 나에게 상처를 줄 당시 K는 부모님과 선생님을 실망시키거나 기대에 부응하지 못한 적이 한 번도 없었다.

그런데 초등학교 때 너무 어렸고 잘잘못을 제대로 파악하지 못했던 우리는 학교규칙을 위반하게 되었고, K는 그 후에 자신으로 인해 실망할 엄마와 선생님의 반응이 두려웠을 것이다. 자신의 선택과 결정도 분명히 있었지만 나밖에는 탓할 사람이 없었고 나 때문에 그런 잘못된 선택을 한 것 같아 어린 마음에 내가 미웠을 수도 있었을 것 같다. 친구들의 신고로 선생님에게 발각된 것이라 친구들의 시선도 두렵고 자신의 모범생 이미지를 잃을 것 같아 두려웠을 것이다. 그래서 K는 친구, 선생님, 부모님에게 모든 것을 나의 탓으로 돌려 말하게 되었고, 본인의 잘못을 감추려고 방어적인 수단으로 친구들에게 나의 험담을 하면서 나를 괴롭히고 따돌렸지만, 우리는 가장 친한 친구였기에 K의 마음도 사실은 불편했을 것 같다.

이렇게 K의 입장에서 그 사건을 보니 K가 잘못한 것은 분명하지만, 조금이나마 K를 이해할 수 있었다.

◆ 공감과 측은지심의 발달

나는 집에서 빈 의자를 놓고 K의 입장에서 생각과 말을 해 보았고 그 내용은 대략 다음과 같다. K는 그동안 주변 사람들을 실망시켜 본 적이 없었는데 그런 일을 하고 난 뒤에 어떻게 대처해야 할지 잘 몰랐고, 우정을 잃는 것보다는 주변 사람들의 실망이 더 두려워서 어린 마음에 잘못된 해결방법을 생각해 냈다. 그 과정에서 K도 우리가 함께 쌓아 온 우정이 무너지는 것, 소중한 친구였던 나에게 상처를 주는 것에 대한 슬픔과 두려움을 느꼈을 것이다. 자신의 잘못된 행동을 걷잡을 수 없었던 어린 K를 생각하고 나니, K가 불쌍하게 느껴지기 시작했다.

나는 이 책을 읽고 상대에 대한 용서를 시도하는 동안 K에 대한 증오의 마음이 들 때마다 자비명상을 하며 마음을 덜어내고 내 상처받은 마음을 다독이려 노력했다.

◆ 우리가 모두 인간으로서 불완전한 존재라는 것을 통찰하기

나는 그동안 '우리가 잘못을 저질렀을 당시에 같이 해결책을 논의하고 잘못을 깨닫고 싶었는데 너는 왜 그랬니?' 하면서 K를 증오하기만 했었다. 그런데 생각해 보니 그때 나조차도 너무 불완전한 인간이어서 비록 학교규칙을 위반하는 것의 심각성을 잘 모르고 있었더라도, 이야기가 오갈 때 딱 잘라서 나쁜 일이라고 말했어야 했는데, 또 그 일 직후 우리가 곤란에 처했을 때 빨리 K와 의논했어야 했는데 그렇게 하지 못한 것이 후회되었다.

또 내 친구들과 사이가 틀어졌을 때 친구들의 말을 통해 내가 친구들에게 말을 좀 함부로 하는 경향이 있는, 친구로서 부족한 점이 있는 사람이었다는 것을 깨달았다. 친구들에게 계속 진심을 담아 사과했더니 친구들이 나의 사과를 받아 주었고 다시 내게 다가와 주었다. 덕분에 나의 부족한 부분을 뉘우칠 수 있었다. 나 또한 부족한 인간이기에 그런 실수들을 했지만, 친구들의 용서를 통해 성장해 나갔기 때문에 나도 K를 용서해 주고 싶은 마음이 들었다.

'그때 우리는 둘 다 너무 어렸고, 인생 경험이 적었고, 문제에 어떻게 대응해야 할지 몰라서 그런 잘못을 해 가며 옳고 그른 일을 깨우치던 시기였을 수도 있겠구나, 너 또한 불완전한 인간이어서 그런 잘못된 해결방안을 생각했을 수도 있겠구나.' 하고 생각하게 되었다.

◆ 상처를 흡수하기

내가 K에 대한 용서를 시도해 보고 싶다고 생각하게 된 이유는 그때의 상처가 지금 나의 인간관계까지 영향을 미치는 이 악순환의 고리를 끊고 싶어서였다. 나는 친구들에게 상처를 받고 마음의 문이 닫혀서 누군가 나에게 깊은 관계로 들어오는 것을 두려워하게 되었다. 누군가 나를 친구로 좋아해 주고 다가오려 하면 먼저 선을 긋고 등을 돌렸다. 나중에서야 그게 그 친구에게는 상처가 되었을 수도 있겠다는 생각이 들었고, 당시 조건 없이 내게 다가와 주려 했던 친구의 마음이 너무 고맙게 느껴져서 이제는 내가 달라져야겠다는 생각을 하게 되었다. 나의 닫혀 버린 마음이 누군가에게 또 상처가 되어 돌아갈 것이기 때문이다.

그래서 나는 두려운 마음이 들 때면 일기장에 마음을 적고 스스로 괜찮다고 다독여 주는 버릇을 들였고, 두려운 마음을 친구가 아닌 일기장 속에 풀기로 하였다. 그리고 친구들에게 마음을 조금씩 열고 먼저 연락도 하고 약속도 잡는 등 변화를 만들기 시작했다.

◆ 고통의 의미를 발견하기

나에게 등 돌린 친구들을 보면서, 물론 친구들이 나를 싫어하기 위해 안 좋은 점들만 과장하여 말한 점이 있기는 하지만, 그래도 덕분에 사람들을 대할 때 나의 안 좋은 점들을 극대화시켜 직면할 수 있었다. 그 일을 계기로 나는 사람들의 기분을 좋게 해 주는 말과 실례가 되는 말을 분명하게 구분할 수 있었고, 말을 하기 전에 다시 한번 생각하는 버릇을 들일 수 있었다. 그 사건으로 인한 고통으로 인해 지금은 나의 속마음은 외롭더라도 적어도 겉으로는 주변에 사람을 많이 둘 줄 아는 사람이 되었다. 그때의 일이 나에게 해만 끼친 것은 아니라는 생각이 드니까 상처받은 마음이 조금은 누그러드는 것 같았다(ⓑ).

Point!

ⓑ '고통의 의미 발견하기' 전략을 통해 용서의 가장 큰 혜택인 자기 회복과 치유가 확실하게 나타납니다. 지금까지 부정적으로만 생각했던 상처가 자신에게 준 긍정적인 의미를 찾아보면서 상처받은 마음이 위로를 받게 되고, 전화위복 또는 외상 후 성장을 할 수 있는 발판을 마련하게 됩니다.

◆ 당신에게 상처를 준 사람에게 선물하기

이 전략은 너무 어려웠다. 너무 오래전의 일이라 이미 K와는 너무 먼 사이가 되어 버렸고, 어떻게 다가가야 할지, K가 아직 가끔 나를 떠올리기는 할지 하는 두려움과 고민이 많았다. 그래도 선물을 할 수 있게 된다면 K를 용서하기 위한 대화를 더 해 볼 수 있을 것이라는 생각이 들어서 선물을 시도해 보았다.

내가 생각한 선물은 ① 먼저 안부 물어보기, ② 카톡으로 재밌는 이모티콘 선물 주기, ③ 카페에 가서 맛있는 케이크 사 주고 재밌는 하루를 보내기 등인데, ①번만 조금 편안하고 ②, ③번은 별로 편하지 않았다.

그래서 나는 편안한 ①번부터 시도해 보기로 하였다. 정말 오랜만에 용기 내어 K에게 어떻게 지내냐는 카톡을 보냈고, 걱정했던 것과 달리 K는 빠르게 답장을 해 주며 안부를 물어봐 주었다(ⓒ). 이렇게 K와 다시 대화하고 나니 사건이 있기 전에 둘도 없는 친구였을 때가 떠오르기도 하고, 대화에서 K가 역시 아직 나를 생각하고 있었고 미안해한다는 것이 느껴져서 K에 대한 미움이 더 사라지고 큰 벽을 하나 넘은 것 같은 마음이 들었다.

Point!

ⓒ 대부분의 경우에 내가 먼저 상처를 준 사람에게 연락하는 일은 매우 어렵습니다. 그럼에도 용기를 내서 내가 먼저 연락을 시도했을 때 의외로 상대방이 빠르게 반응하는 경우가 많습니다. 상대방도 자신이 잘못한 것을 알고는 있지만 너무 미안하거나 죄책감을 느껴서 감히 먼저 연락을 시도하지 못하고 있기 때문입니다. 그래서 '가해자에게 연락하기' 선물은 매우 용기 있고 용서와 화해에 가장 도움이 되는 선물입니다.

그러나 내가 상대방에게 선물을 주더라도 상대방이 받지 않을 수 있습니다. 내가 먼저 용기를 내서 연락했는데 상대방이 응답하지 않을 수도 있지요. 그런 경우에 다시 상처를 받지 말고, 상대방이 아직 준비되지 않았거나 성숙하지 못해서 그렇게 한다고 생각하시면 됩니다. 어쨌든 나는 최선을 다한 것이니까요.

◆ 주변 사람들에게 도움 구하기

이 전략은 내가 오래전부터 극복을 위해 사용해 왔던 전략이라 어렵지 않았다. 친구들이 모두 내게 등을 돌렸을 때에도 내 편이 되어 준 것은 엄마였다. 엄마는 항상 무슨 일이 있어도 내 편이라고 말해 주었고, 그 말만으로도 엄청난 힘이 되었으며, 친구들의 비난으로 낮아진 자존감을 조금이라도 회복할 수 있도록 도와주었다. 덕분에 엄마에게만큼은 모든 마음을 열고 모든 일을 털어놓고 상담을 하여 친구 관계를 회복하는 데 큰 도움을 받았다. 여기까지만 해도 나는 K를 많이 용서할 수 있게 되었다.

◆ 용서를 공개적으로 선언하기

용서하고자 하는 나의 마음을 후퇴시키지 않기 위해 나는 용서하기 증서를 작성하고 나의 상처 극복에 많은 도움을 주었던 엄마를 증인으로 세웠다.

4단계: 진정한 용서하기 전략 실천 평가하기

용서하기를 마친 후에 내가 전략을 제대로 수행했는지 점검하기 위해서 〈진정한 용서하기 전략 실천 점검표〉를 작성하였다. 그 결과를 보니 용서하기 전략 중에서 '선물하기' 전략이 잘 수행되지 않은 것 같아서 K에게 지속적으로 연락하여 조금 더 서로의 마음과 경계심을 푼 후에 카페에 가서 맛있는 케이크를 선물로 사 주고 직접 이야기를 하는 등의 노력을 해야겠다는 다짐을 하였다.

용서하기 결과 평가

한국인 용서하기 척도 점수는 34점으로 높은 수준이었다. '내가 드디어 K를 제대로 용서할 수 있게 되었구나, 나 스스로 상처를 치유해 냈구나.' 하는 생각이 들었다. 용서하기 위해 노력한 나 자신이 기특하고 고맙게 느껴졌으며, 이렇게 용서를 할 용기를 주신 오영희 교수님께 너무 감사한 마음이 들었다.

2. 화해하기

나는 K와 아주 오래전부터 마음을 닫고 멀어졌지만, 한동네에 살기 때문에 친구들이 전부 연결되어 있고, 지나가다 보면 우리의 의사와는 상관없이 자주 마주치게 된다. 그동안 내가 친구들을 만날 때 K가 있다고 하면 불편해서 나가지 않았다. 그래서 동네에 있을 때 마음이 불편해지는 상황이 많았는데, 이 책을 읽고 용서하기 과정을 거치면서 K와 화해하고 싶은 마음이 생기기도 하고 화해까지 하면 이런 불편함도 풀 수 있을까 하는 기대감도 들었다.

K와의 연락을 통해 어느 정도 대화를 했고 서로의 마음이 조금은 풀어져 있다고 판단했기 때문에 화해의 가능성이 충분히 있을

것 같아서 화해를 시도해 보기로 하였다. 이 의지를 한 번 더 다짐하고 확인하기 위해서 책에 나와 있는 〈화해 시도 결심 서약서〉를 작성하였다.

K와 대화하다 보니 K가 나에게 죄책감과 미안한 마음을 많이 가지고 있는 것이 느껴졌고, 우리가 제때 화해하지 못한 데는 K의 자존심 문제가 컸던 것 같았다. 내가 K에게 선물하기로 안부를 물어보면서 우리는 대화를 하게 되었고, 점차 서로의 마음을 이야기하고 들어 주려고 노력하였다. K는 나와 연락을 하던 도중에 그때 일에 대해서 용서를 구했고, 나는 더 마음을 열고 화해를 하기 위해서 내 입장에서 K의 행동이 어떻게 느껴졌고 이후 어떤 일들이 있었는지 또 내 감정이 어땠는지 구체적으로 말하였다.

그러자 K는 눈물을 터트리며 다음과 같이 말했다. "나도 내가 잘못 행동하고 있다는 것을 알았지만 내 잘못을 들키는 게 두려워서 감추려 하다 보니 어쩔 수 없었어(ⓓ). 나도 그 뒤로 계속 죄책감에 시달리며 살았어. 동네에서 너를 마주칠 때마다, 친구를 통해서 네 소식을 들을 때마나 그때의 죄책감에 몸 둘 바를 몰라서 맨날 피해 다니기만 했는데 이렇게 먼저 연락해 줘서 정말 고마워."

나는 K의 말에서 진심을 느낄 수 있었다. 우리는 10년 전 둘도 없는 단짝 친구였지만 연락을 하지 않고 지낸 10년이라는 시간 동안 서로 모르는 각자의 시간을 보냈고, 그래서 서로 모르는 점들이 너무 많이 존재하였다. 그래서 우리는 더 적극적인 화해를 위해 서로 싫어하는 것과 좋아하는 것을 파악하여 상호신뢰를 구축하고자 하였다.

우리의 화해는 서로 적극적으로 노력하고 마음을 연 덕분에 생각보다 수월하게 이루어졌다. 내가 K를 용서했다고 하더라도 K가 마음을 다시 열어 줄지 두려운 마음이 컸었는데, 용기 내서 다가와 준 K가 고마웠고, 무엇보다 나의 용기와 노력을 스스로 칭찬해 주고 싶다. 화해하기 과정을 거치면서 지난 상처의 정확한 원인을 찾아 푼 것 같아서 정말 시원한 느낌이 들었다. K와는 절대 화해할 수 없는 시간을 보내 왔다고 생각했는데, 미워하는 마음 또한 상대방에게 어느 정도의 관심과 좋아하는 마음이 남아 있어야 생기는 것이라는 말이 맞는 것인지 K의 이야기와 진심이 담긴 사과를 들으니 미웠던 마음이 녹고 친구를 되찾은 것 같았다.

화해하기를 실천하고 난 후 내게 일어난 변화는 아주 작지만 발전 가능성이 큰 변화이다. K에게 먼저 용기 내서 다시 다가가고 화해에 성공하고 나니, 친구에게 먼저 다가가는 것이 조금은 덜 두렵게 느껴졌다. 이번 화해를 계기로 다시 용기를 얻은 것이다. 지금까지 친구에게 어느 정도 선을 그으며 살아왔기 때문에 아직 적극적으로 다가가는 방법이 미숙하다. 그러나 용기를 얻었기 때문에 이번 용서와 화해는 나의 성격을 예전처럼 바꾸어 놓을 수 있는 큰 전환점이 되었다. 앞으로 인간관계에서 한층 더 너그럽고 관대한 마음을 가지고 여유롭게 상대를 대할 줄 아는 사람이 될 수 있을 것 같다.

항상 어딘가 불편했던 나의 인간관계가 진정한 용서와 화해가 이루어지지 않아서였다니! 전혀 생각하지도 못한 해결방법이었다. 나는 그동안 상처에 머물러 있으면서 현재의 소중한 인간관계를 놓치고 있었다. 이제 나는 용서가 상처와 아픔에서 나를 회복시켜 주고, 옛 사랑과 우정을 회복하는 것이 가능하다는 깨달음과 큰 용기를 얻게 되었다.

Point!

ⓓ 잘못을 인정하기가 두려웠다는 K의 말은 용서구하기가 얼마나 어려운 것인지를 잘 알려 줍니다. 그러나 K가 겁이 나고 부끄러워서 사과하지 않았기 때문에 가장 친했던 두 사람뿐만 아니라 주변 사람들의 관계까지 10여 년 동안 부정적으로 변질되어 갔던 것입니다. 이제라도 K가 용기를 내어 현정이를 만나고 진심으로 사과하게 되자 두 사람은 용서와 화해의 길로 들어설 수 있게 되었습니다. 이 사례는 먼저 사과하는 것의 중요성을 다시 한번 우리에게 알려 줍니다.

[사례 분석]

1. 현정이의 용서하기에 대한 분석

1) 상처와 영향

현정이는 초등학교 때 가장 친한 친구와 함께 심각하게 학교규칙을 위반하는 일을 하게 되었습니다. 그런데 그 친구는 선생님과 부모님에게 모두 현정이가 한 것이라고 뒤집어씌우고, 친구들에게도 거짓말과 험담을 해서 현정이를 왕따시켰습니다.

이 사건은 인생의 전환점이 될 만큼의 큰 상처를 현정이에게 남겼습니다. 정신적으로 힘들어서 강박적인 행동들이 생겨났고, 그 후에 현정이의 노력으로 그 행동들은 사라졌지만 근본적으로 사람을 믿지 못하게 되었습니다. 상처를 받고 마음의 문이 닫혀서 누군가와 깊은 관계를 맺는 것을 두려워하게 되었고, 누군가 자신을 친구로 좋아해 주고 다가오려 하면 먼저 선을 긋고 등을 돌렸습니다.

2) 용서하는 데 도움이 된 것

자신에게 상처를 준 K의 입장에서 생각해 본 것이 용서하는 데 큰 도움이 되었습니다. 새로운 눈으로 바라보기 전략과 공감과 측은지심의 발달 전략을 실천하면서 K가 왜 그랬는지 이해해 보고자 노력하는 것을 통해 용서에 다가설 수 있었습니다.

3) 용서하는 데 방해가 된 것

K가 한 행동이 분명히 잘못된 행동이어서 용서하는 과정에서도 불쑥 화가 다시 치밀었고, 그런 감정이 용서하는 데 방해가 되었습니다. 그럴 때마다 현정이는 정의실현과 용서는 다른 것임을 계속해서 상기하면서 K의 부당한 행동과 용서하기를 분리시켜 생각하려고 노력하다 보니 용서를 할 수 있었습니다.

2. 현정이의 외상 후 성장에 대한 분석

1) 인간관계에서 악순환의 고리를 끊어내고 자신감을 가지게 되었습니다.

다시 상처받는 것이 두려워서 깊은 인간관계를 맺는 것을 두려워했는데, 용서의 과정을 거치면서 자신이 혼자 힘들어했던 원인을 제대로 발견해 낼 수 있었고, 그걸 통해서 엉켜 있던 악순환의 연결고리를 끊어 낼 수 있었습니다. 그리고 인간관계에서 자신감을 가질 수 있게 되었습니다.

2) 자신의 단점을 알고 고치게 되었습니다.

그 사건 이후 친구들이 떠나가면서 현정이의 단점을 이야기해 주었습니다. 그 덕분에 현정이는 사람들을 대할 때 자신의 단점을 극대화시켜 직면할 수 있었습니다. 그 일을 계기로 현정이는 사람들의 기분을 좋게 해 주는 말과 실례가 되는 말을 분명하게 구분할 수 있었고, 말을 하기 전에 다시 한번 생각하는 습관을 만들 수 있었습니다.

3) 관대함을 배우게 되었습니다.

용서의 과정을 통해서 무슨 일을 겪어도 너그러운 마음으로 대하고, 상처를 덜 받을 수 있는 관대함을 얻게 되었습니다.

4) 자신을 더욱 사랑하게 되었습니다.

현정이는 스스로 힘든 용서의 과정을 거치고 화해까지 하게 되자 자신이 기특하고 고맙게 느껴졌습니다. 인간관계에서 두려움이 없어지고 한층 더 너그럽고 관대한 마음을 가지고 여유롭게 상대를 대할 줄 아는 사람으로 변화하게 된 자신을 더욱 사랑하게 되었습니다.

SNS에서 나를 심하게 저격한 선배 언니를 용서하기 _ 서지수

Point!

이 사례는 중 · 고등학교 시절에 중요한 선배와의 관계, 이성과의 관계, SNS에서의 학교폭력 등을 잘 보여 줍니다. 지수가 어떻게 SNS와 실제 학교생활에서 심한 상처를 받았는지, 용서를 통해 어떻게 그 상처를 치유해 나갔는지를 잘 살펴보세요.

당신은 어떻게 생각하세요?

• 다음 질문에 대한 당신의 답변을 정리하면서 사례를 읽으면 사례를 이해하고 활용하는 데 도움이 됩니다.

1. 이 사례의 당사자는 누구에게서 어떤 상처를 받았나요? 그 영향은 무엇인가요?

2. 용서를 통해 어떻게 치유되고 성장하게 되었나요?

3. 이 사례에서 가장 당신의 마음에 와닿은 것은 무엇인가요?

1단계: 상처 직면하기

14세, 중학교 1학년이었던 나는 16세 언니들과 친해졌다. 언니들은 성격이 밝아 얘기할 때 재미있었고, 나보다 용돈도 많이 받아서 맛있는 것도 자주 사 줬다. 또 중학교 3학년이면 당시 내가 봤을 때 정말 '어른스러운' 사람이어서 같이 있을 때 즐겁고 행복했다. 그중에 나랑 가장 마음이 맞았던 언니가 바로 이 이야기의 주인공, 김민희 언니이다.

학교 끝나고 패스트푸드점에 가고 공원 주변을 거닐다가 헤어진다든가, 언니네 집에 놀러 가서 라면 끓여 먹고 노는 것과 같은 행복한 나날들이 계속됐다. 언니가 좋아하는 사람은 박우진 선배였는데, 악기를 잘 다루는 데다가 잘생기기까지 하여 두루 인기가 많은 사람이었다. 언니는 내 앞에 앉아서 오늘 그와 어떤 일이 있었는지, 어떤 느낌이 들었는지 말했다. 언니가 신나서 이야기할 때면 나 역시 덩달아 두근거리는 마음이 들었다.

그러나 내가 '페이스북'이라는 SNS를 시작하면서 우리 사이는 틀어지기 시작했다. 나는 어쩌다 우진 오빠의 프로필을 구경했고, 물 흐르듯 둘이서 페이스북 메신저까지 하게 되었다. 선배와 나름 달달한 메시지를 주고받으면서 나는 민희 언니를 생각하지 못했다. 사실 지금 와서 생각해 보면 언니의 절절한 짝사랑을 알면서도 굳이 그 남자와 썸을 탔으니 내가 이기적으로 군 것이 맞는 것 같다.

그러다 어느 날 타임라인에 나에 대한 저격 글이 올라왔다. 아는 언니 중 한 명이 올린 글이었고, 1학년 중에 여우X가 있어서 짜증난다는 내용이었다. 손이 축축하게 차가워지고 머리가 새하얘졌다. 3학년 선배에게 찍혔다가 학교생활 3년이 불행해졌다는 인터넷 글들이 계속 머릿속에 떠올랐다. 토할 것 같았다. 나는 뜬눈으로 밤을 지새우며 이불 속에서 눈물을 흘렸다.

다음 날 퉁퉁 부은 얼굴로 학교에 가는 길이 그렇게 무서울 수가 없었다. 여우X로 낙인찍힌 내 모습이 너무나 초라했고 또 억울했다. 복도를 지날 때면 다 나를 쳐다보는 것 같았고, 떠드는 아이들을 보면 다 내 얘기를 하는 것만 같았다. 민희 언니가 그 게시물에 남긴 댓글이 내 마음을 할퀴고 비수가 되어 꽂혔다(). 페이스북 마크만 봐도 속이 울렁거릴 정도였다. 민희 언니의 친구들은 나를 보고 지나칠 때마다 내 어깨를 밀쳤고, 그 언니들과 친하게 지냈던 내 친구도 나와 점차 멀어졌다.

내가 중학교 2학년으로 올라가면서 민희 언니가 멀리 떨어진 고등학교로 진학했다는 소식을 들었다. 그러나 이미 상처받은 나는 언니에게 먼저 다시 연락할 생각이 추호도 없었다. 분노, 억울함, 속상함이 복합적으로 섞인 내 마음은 그렇게 고이 내 마음속 깊은 곳에 숨겨 두었다. 다시는 꺼내 보지 않겠다고 생각했지만, 수업을 들으면서 그 언니 생각이 났다. 내게 이렇게 큰 상처를 준 그 사람을 용서할 수 있을까? 『상처의 덫에서 행복의 꽃 피우기』를 찬찬히 읽으면서 들었던 생각은 정말 잘 짜인 용서 학습서라는 것이다.

먼저, 나는 내가 받은 상처 체크리스트를 작성했고, 상처가 내게 미치는 영향 평가표도 매겨 보았다. 기분, 생각, 행동 순으로 이어지면서 내가 얼마나 억울했고 분노했었는지 기억이 새록새록 났다. 또 그 일 이후 상대방을 믿기 어려워했던 것, 사람들과의 새로운 만남까지도 기피했던 내 행동까지 돌아볼 수 있었다. **다른 사람에게서 부당하게 깊은 상처를 받았을 때 할 수 있는 행위인 '용서'는 수동적인 해결방안이 아니라 무엇보다도 적극적인 자기치유 방법이라는 말이 마음에 와닿았다.** 그리고 진정한 용서하기를 실천해 보고 싶다는 적극적인 마음으로 천천히 책을 읽어 나갔다.

내가 중학교 때 어떤 상처를 받았었는지 떠올리는 것은 무척 고통스럽다. 그래서 대부분의 사람은 이를 마음속 깊은 곳에 꼭꼭 숨기고 살아간다. 그러나 이것을 직면하는 것은 용서에 있어 필수적이다. 마치 치료하기 위해서 상처부터 먼저 살피는 것처럼 말이다.

Point!

ⓐ SNS의 부정적인 영향력을 잘 보여 줍니다. SNS에서는 자신이 한 행동에 대한 책임성이 덜 느껴지기 때문에 더 충동적이고 공격적이 될 수 있습니다. 그래서 사이버 학교폭력이 더 잔인한 상처를 줄 수 있는데, 안타까운 것은 휴대전화 사용이 일상화되면서 이러한 사이버 폭력이 더 늘어나고 있다는 것입니다.

2단계: 용서하기를 해결전략으로 스스로 선택하기(전환)

부정적인 해결방법의 대표 주자 두 가지가 바로 '회피'와 '복수'이다. 나 역시도 그런 생각을 했었다. '그냥 학교 때려치고 싶다. 학교에 가지 않을 것이다.' 혹은 '언니에게 복수를 하고 싶다.' 등이다. 바람직한 방법인 '용서'와는 다르게 이 둘은 가벼운 마음으로 쉽게 실천할 수 있다는 특징이 있다. 그러나 이는 또다시 새로운 상처를 만들어 내므로 지양해야 한다. 전환의 핵심은 상처를 받은 내가 스스로 용서를 선택하는 것이다. 그래서 나는 먼저 '용서 시도 서약서'를 작성했다.

3단계: 진정한 용서하기 전략 실천하기

◆ 새로운 눈으로 바라보기

이 전략은 언니의 성장 과정은 어땠는지, 내게 상처를 줄 당시 언니의 삶은 어떠했을지 생각해 보고 언니의 장단점을 적어 보며 내가 받은 상처를 맥락 속에서 이해하는 것이다. 언니네 집이 경제적으로 풍족하지 않았다는 게 기억이 난다. 그에 따라 친구들 사이에서 약간의 자격지심도 갖고 있었다. 또한 내게 상처를 줄 당시 언니는 심한 짝사랑을 하며 스트레스를 받았었다.

◆ 공감과 측은지심의 발달

자비명상하는 법을 따라서 실행한 결과 정말 신기하게도 마음이 편안해지고 따뜻한 느낌이 들었다. 또한 빈 의자 기법을 사용하여 홀로 두 가지 역할로 말하면서 언니의 입장을 조금 더 이해할 수 있게 되었다. 할 때는 부끄럽고 약간 어설펐으나 막상 하고 나서는 안정감을 찾았다.

◆ 우리가 모두 인간으로서 불완전한 존재라는 것을 통찰하기

언니도 나도 단점과 한계를 명확히 가지고 있는 인간이다. 누구나 잘못을 저지를 수 있고, 또 무심코 실수를 한다. 나 역시도 불완전한 존재로서 누군가에게 상처 입히지 않았을까 생각해 보았다. 또한 상처를 받은 과정에서 언니가 그렇게 행동할 수밖에 없었던 이유를 찾으며 내 책임도 어느 정도 있다는 것을 깨달았다. 이렇게 책에 쓰인 대로 나의 용서하기 수준이 한 차원 더 높아졌음을 체감했다.

◆ 상처를 흡수하기

주변 사람들에게 화풀이를 하는 것은 우리가 불완전한 존재이기에 충분히 벌어질 수 있는 일이다. 나도 가족들에게 화풀이를 했었고, 아무 죄 없는 친구들에게 모질게 대했었다. 그러나 이는 분명히 옳지 않다. 내가 받은 상처를 누군가에게 표출하는 순간 그 사람도 상처를 입게 되기 때문이다. 바로 '상처의 악순환'이 발생하

는 것이다.

◆ 고통의 의미를 발견하기

중학생이었던 내가 당시 받았던 고통에서부터 삶의 목적을 찾아 성장하는 것이 바로 이 전략의 최종 목표이다. 삶의 의미를 발견하는 것이 무엇보다 중요한 이유는 우리가 살아가는 데 있어서 원동력이 되고, 살아남을 수 있는 가장 강력한 힘이 되어 주기 때문이다. 나도 내가 고통을 받았던 원인을 밖으로만 표현했던 자세가 잘못됐음을 깨닫고 이 고통의 의미가 더 나은 사람으로 나를 성장시키는 데 있다는 것을 깨달았다.

◆ 당신에게 상처를 준 사람에게 선물하기

나는 민희 언니에게 두 가지 선물을 주었다. 첫 번째 선물은 내가 민희 언니에게 먼저 말을 걸었다는 것이다. 언니에게 6년 만에 문자를 보냈고, 그 결과 마음이 조금 편안해졌다. 먼저 연락한 결과 언니는 전화로 이야기를 나눴으면 좋겠다고 답장했다. 나의 두 번째 선물은 언니에게 말할 기회를 주는 것이다(ⓑ). 전화를 통해 서로의 입장에서 이야기를 하면서 상대방을 이해할 수 있었다.

Point!

ⓑ 사례 5에 나오는 현정이의 경우처럼 지수도 선배 언니에게 '먼저 연락하기'라는 선물을 하면서 화해의 문을 열었습니다. 자신이 잘못했다는 수치심과 죄책감 때문에 상처를 준 사람이 먼저 연락하기는 상당히 어렵습니다. 그래서 상처를 받은 사람이 먼저 용기를 내서 연락을 해 주면 그 후로 용서와 화해의 과정이 많이 수월해집니다.

◆ 주변 사람들에게 도움 구하기

중학교 때 나는 도움을 청할 수 있는 사람들이 적어 상처의 덫에서 헤어 나오기 힘들었다. 상처를 털어놓을 수 있는 친구가 어떻게 보면 오히려 가해자 편이었기 때문에 나는 의기소침해질 수밖에 없었다. 그때 만약 전문가의 도움을 받았다면 더 수월하게 고통의 늪에서 빠져나올 수 있었을 텐데 그 점에서 아쉬움이 남는다.

◆ 용서를 공개적으로 선언하기

이미 6년이나 지난 일을 꺼내는 것은 상당히 쑥스럽고 부끄러운 일이 아닐 수 없다. 나는 먼저 글로 남겨야겠다고 생각하여 용서하기 증서를 작성했다.

가까운 사람들에게 내가 용서했다는 것을 말하기 위해서 중학교 동창 친구에게 문자를 남겼다. 그때 일을 기억하느냐 먼저 물어보았고, 연이어 내가 그 언니를 용서했다는 사실을 알렸다. 친구는 놀랐는지 급히 답장을 보내 왔다. 친구가 내게 정말 괜찮은지 묻자 나는 괜찮다고 답했다.

용서의 결과 평가하기

진정한 용서의 마무리는 바로 용서에 대한 자기평가이다. 한국인 용서하기 척도를 작성해 본 결과 33점으로 내가 높은 용서하기 수준에 있다는 것을 알았다. 또한 용서 과정을 요약하면서 진정한 용서 방법에 대해 조금 더 명확히 머릿속에 새길 수 있는 계기가 되었다. 내 마음도 훨씬 가벼워졌고, 결과적으로 모두에게 좋은 결과를 가져올 수 있어 뿌듯했다.

언니와 몇 시간 동안 전화를 하면서 몰랐던 사실도 알았고, 서로 몇 년간 오해하며 살았다는 것도 알았다. 그때 함께했던 추억들이 생각나면서 저절로 눈물이 나왔다. 언니가 미안하다고 수십 번 말할 때마다 내 마음도 같이 아팠다. 그때 절대로 그래선 안 됐다고, 자기가 다 잘못했다고 용서를 빌었다. 우리는 어렸고, 미성숙했으며 불완전했다. 언니를 향한 증오와 분노, 억울함이 녹아내리는 느낌을 받았다(©). 왜 우리는 그동안 이야기를 나누지 못했을까 생각했다. 진즉에 연락해 볼 걸 그랬다. 나는 대체 무엇이 두려웠던 건지, 언니가 내게 반대로 화낼까 봐 무서웠던 건지 혼란스러웠다.

민희 언니가 했던 말 중 가장 기억에 남는 말은 '너는 잘못한 것 없으니 모든 벌은 언니가 받을게. 미안해.'였다. 이 대목에서 언니의 진심이 절절하게 느껴졌다. 이 말에 내 마음속 가장 큰 응어리가 사라졌다. 이러한 과정을 또 언제 체험할 수 있을까. 언니가 느꼈던 불안감, 죄책감, 후회가 아이러니하게도 내 상처를 치유했다. 다음에 코로나가 잠잠해지면 한번 보자고 둘 다 울면서 전화를 끊었다. 고요해진 내 방 안에서 나는 한참을 멍하게 앉아 있었다. 이렇게 진정한 용서를 하는 것이구나. 후련함이 제일 컸고, 그다음으로 벅차오르는 마음이 들었다.

'상처의 덫에서 행복의 꽃 피우기'라는 제목이 딱 맞는 것 같다. 6년 전 상처를 보듬어 나는 결국 행복해지게 되었다. 이런 소중한 경험을 바탕으로 앞으로 어떤 고난이 닥쳐도 당당하게 앞으로 나아갈 수 있을 것만 같았다. 용서하는 법, 용서구하는 법, 화해하는 법을 이토록 상세히 적어 준 책이 있었던가? 책에 적힌 과정을 따라가다 보면 어느새 행복해진 자신의 모습을 볼 수 있을 것이다.

과거에 매몰되어 미래를 살지 못하는 사람을 많이 보았다. 그런 사람들에게 이 책을 꼭 추천해 주고 싶다. 내가 경험했고, 체험했고, 행복해졌기에 더 확실하게 추천한다. 용서를 두려워하지 말고 적극적으로 '용서'하자!

앞으로 언니가 걸어갈 길에도 행복이 가득했으면 좋겠다.

Point!

지수에게 상처를 준 선배 언니는 진심을 다해서 용서를 구했습니다. 그 결과 지수가 오랫동안 가지고 있었던 증오, 분노, 억울함이라는 부정적인 감정이 눈 녹듯 사라져 버렸습니다. 그리고 나서 지수는 선배 언니와 화해를 하게 됩니다. 이것은 용서구하기가 용서와 화해에 얼마나 중요한지를 잘 보여 줍니다. 특히 용서구하기는 화해를 위해 필수적인 요소입니다. 용서하기는 내 안에서 치유되는 과정이어서 꼭 사과가 필요한 것은 아니지만, 화해는 두 사람이 함께 만들어 가는 과정이기 때문에 가해자의 사과가 꼭 필요합니다.

[사례 분석]

1. 지수의 용서하기에 대한 분석

1) 상처와 영향

지수는 중학교 1학년 때 매우 친하게 지내며 의지하던 선배 언니와 무리들에게 SNS상에서 심하게 공격을 당했습니다. 그 결과 지수 친구를 포함해서 주위 사람들이 모두 지수를 떠나게 되었습니다. 지수는 분노, 억울함, 속상함을 느꼈지만 마음속 깊은 곳에 숨겨 두고 있었습니다.

2) 용서하는 데 도움이 된 것

선배 언니와 전화로 이야기를 나누면서 서로 오해하고 있던 사실을 알게 된 것입니다. 그리고 선배 언니가 울면서 미안하다고 수십 번 말하는 것이 지수가 용서하는 데 큰 도움이 되었습니다. 특히 선배 언니가 '너는 잘못한 것 없으니 모든 벌은 언니가 받을게. 미안해.'라고 하는 말을 들으면서 지수의 마음속 가장 큰 응어리가 사라졌고, 선배를 향한 증오, 분노, 억울함이 녹아내리는 느낌을 받았습니다.

2. 지수의 외상 후 성장에 대한 분석

1) 자신의 분노를 주변 사람에게 표현하는 것이 잘못되었다는 것을 깨달았습니다.

지수는 선배 언니에게서 상처를 받고 가족들에게 화풀이를 하고, 아무 죄 없는 친구들에게도 모질게 대했습니다. 그러나 용서의 과정을 거치면서 이러한 방법이 잘못된 것임을 알게 되었습니다.

2) 모든 사람이 단점과 한계를 가진 불완전한 인간임을 알게 되었습니다.

선배와의 일을 다시 검토하면서 지수는 자신도 어느 정도 잘못한 것이 있다는 것을 알게 되었습니다. 이를 통해서 우리는 인간으로서 단점과 한계를 가지고 있고 잘못도 할 수 있다는 것을 알게 되었습니다.

3) 앞으로 어떤 고난이 닥쳐도 당당히 앞으로 나아갈 수 있는 자신감이 생겼습니다.

지수는 가슴 깊은 곳에 묻어 두었던 큰 상처를 치유하면서 앞으로 그런 일이 다시 생겨도 잘 헤쳐 나갈 수 있는 자신감을 얻게 되었습니다.

4) 용서를 두려워하지 않고 적극적으로 용서하는 법을 배웠습니다.

지수는 책을 따라 용서를 실행하면서 마음속 가장 큰 응어리를 치유하고 성장할 수 있었습니다. 그러면서 용서는 어려운 것이 아니라 실천 가능한 것이며, 과거에 매몰되지 않고 행복해지기 위해서 꼭 필요하다는 것을 배웠습니다.

나를 배신하고 왕따시킨 친구를 용서하기 _ 윤지연

Point!

이 사례에서는 학교폭력의 피해자에게 나쁜 영향을 미치는 자아방어 기제들을 잘 볼 수 있습니다. 그리고 용서를 통해 자신의 상처를 극복하고 더 나아가서 자신의 경험을 바탕으로 다른 학생들을 도와줄 수 있는 청소년 상담가가 되기 위한 꿈을 키우는 지연이의 멋진 성장 스토리가 펼쳐집니다.

당신은 어떻게 생각하세요?

• 다음 질문에 대한 당신의 답변을 정리하면서 사례를 읽으면 사례를 이해하고 활용하는 데 도움이 됩니다.

1. 이 사례의 당사자는 누구에게서 어떤 상처를 받았나요? 그 영향은 무엇인가요?

2. 용서를 통해 어떻게 치유되고 성장하게 되었나요?

3. 이 사례에서 가장 당신의 마음에 와닿은 것은 무엇인가요?

1단계: 상처 직면하기

내가 중학교 2학년 때 일이다. 벌써 6~7년이나 지난 상처인데도 내 중학생 시절을 생각하면 그 아이한테 받았던 상처만 생각난다. 그 아이 때문에 너무 괴로워서 중학생 시절을 통째로 지워 냈는데도 그 아이에게 받았던 상처만은 지워지지 않는다. 그 아이가 줬던 상처는 그 순간뿐만 아니라 남은 중 · 고등학생 시절에 영향을 미쳤고, 성인이 되고 나서도 영향을 미쳤다(ⓐ). 나에게 학창 시절은 항상 주변에서 어울리지 못하는 추억뿐이었고, 그렇기에 인간관계에 있어서 확신 없이 살아왔다. 고통스러웠던 학창 시절을 아예 없다시피 무시하며, 그 아이에게 받은 상처 그대로 그냥저냥 살아오고 있던 나에게 이번 용서 보고서 과제는 많은 전환을 가져왔다.

먼저, 책을 읽으면서 내가 '용서'라는 개념을 잘못 이해하고 있다는 것을 알았다. 책을 읽기 전 나에게 용서란 상대방이 나에게 했던 부당한 행동을 잊어버리는 것이었다. 살아오면서 그런 식으로 용서를 해 왔었다. 유치원에서부터 선생님께서 용서 또는 화해시킬 때 "이제 다 잊고 사이좋게 지내는 거야."라고 하셨다(ⓑ). 책이나 영화에서 보이는 용서도 흔히 복수의 반대 개념으로, 그저 잊고 자신의 삶을 묵묵히 살아가는 것 정도로 나왔기 때문에 나는 용서의 옳은 정의를 알기 전까지 '용서하기'는 허황된 자기합리화라고 생각하고 있었다. 하지만 책을 읽고 진정한 용서하기가 단순히 잊는 것이 아니라 부정적인 감정을 충분히 느끼고 결국 극복하고 성장하는 것임을 알게 되었고, 용서가 강요가 아닌 나를 위한 발판이라는 생각이 처음으로 들었다.

처음에 책을 읽기 전까지는 이 용서 보고서에 대한 부담감과 거부감이 컸지만, 용서의 정확한 개념을 알고 나서 처음으로 '그 일'에 대해서 다시 마주할 용기가 생겼다. 비록 현실적인 이유 때문에 화해하기까지의 단계는 가지 못했지만 용서하기의 과정을 거쳐서 나를 짓눌렀던 아픈 과거 속에서 어느 정도 빠져나올 수 있었다.

상처를 직면하기 위해서 내가 받았던 상처를 힘들게 살펴보았다. 나는 가까웠던(가깝다고 생각했던) 중학생 친구 E에게서 많은 무시를 당했고, 그 친구가 왕따를 당했을 때도 유일하게 옆에 있어 주었지만, 다음 학년으로 올라가고 나서 다른 친구들이 생기자 E는 일방적으로 나와 인연을 끊고 오히려 나를 왕따시켰다.

중학교 1학년 때 E는 우연한 일을 계기로 일진들에게 괴롭힘을 당하게 되었고 친하게 지낸 친구들조차 소문을 듣고 피하는 상황에서 나만 E 옆에 남아 있었다. E는 그때 "진정한 친구는 너밖에 없다."며 나에게 진심으로 고맙다고 말해 줬다. 대가를 바란 것은 아니지만 E가 처음으로 밥을 사 주면서 고맙다고 말해 줬을 때는 진정으로 가까워진 생각이 들기도 했다.

그렇게 학년이 바뀌었고, E와 나는 같은 반이 되었다. 나는 반에 아는 친구가 E밖에 없었기 때문에 자연스럽게 E와 같이 붙어 다녔다. 하지만 E는 반에 다른 아는 친구들이 있었다. 나는 처음에 그 친구들 무리와 같이 어울려 다니면 좋겠다는 생각을 했다. 그러나 학기가 시작되고 얼마 지나지 않아 E는 한순간 나와 대화를 하지 않았다. 말을 시켜도 아무런 말도 하지 않았고, 대놓고 나를 무시했다. 나와는 아무 말도 하지 않으면서 자기 친구들 무리와 어울려 다녔다. 그렇게 E는 일방적으로 친구 관계를 끊었다. 이상했던 점은 E의 친구 무리도 그 무렵부터 나에게 잘 다가오지 않았는데, 시간이 흐르고 난 뒤에 E가 그 무리에게 나에 대해 좋지 않은 이야기를 했다는 것을 알게 되었다. 그 일은 나에게 엄청난 배신감을 주었다.

그 일 이후에 나는 친구 관계를 넘어 인간관계에 있어서 사람을 믿지 않게 되었다. 왕따를 당하는 동안 옆에 있어 줬다고 해서 그 이후에도 꼭 나와 같이 다녀야 하는 것은 아니다. 대가를 바란 것도 아니었다. 내가 상처를 받은 것은 진정한 친구라고 말해 줬던 E가 너무나 일방적으로 연을 끊었기 때문이었다. 심지어 자기 친구들 무리에게 있지도 않은 일을 꾸며 말해 나는 한동안 친구들과 어울리지 못하고 혼자 다녀야 했다.

그 상처는 나에게 많은 영향을 끼쳤다. E가 혼자 있는 나를 무시하고 다른 친구들과 어울리면서 '나는 필요할 때 잠깐 쓰고 버려질 수 있는 사람이구나.' 하는 생각이 들었다. 이용만 당했다는 생각이 들자, 친구 관계를 믿지 않게 되었다. 그날 이후 진정한 친구라는 것은 없고, 친구는 상황이 바뀌면 언제든 떠나갈 수 있는 존재라고 생각하게 되었다. 나는 아직까지 친구를 사귈 때 상당한 벽을 두고 다가간다. 친구 관계에 있어서 나는 항상 불안하기 때문이다. 나 혼자 진정한 친구라고 생각하며 기대하다가 또다시 상처를 받을까 겁이 난다. 그 사건으로 나는 대인관계에 많은 불신을 얻었고, 그 일이 지나가고 나서도 친구 관계뿐만 아니라 가족관계에 있어서도 현재 많은 영향을 받고 있다는 것을 깨닫게 되었다.

상처를 직면하면서 나는 마음이 너무 아프고 머리가 지끈거려서 잠시 멈추기도 하였다. 잊고 살아왔다고 생각하고 있었는데, 막상 펜을 잡고 써 내려가니 그때의 기억과 감정이 터지듯 흘러나와서 참 힘들었다. 하지만 오히려 내가 E 때문에 많이 괴롭고 힘들었다는 것을 새삼 다시 알게 되면서 후련하기도 했다. 고등학생이 되고 나서 한 번도 그 과거와 대면했던 적이 없었는데 한편으로는 좀 더 일찍 대면해 봤으면 좋았을 것 같다는 생각이 들기도 했다.

Point!

ⓐ 지연이는 상처를 회피하기 위해 중학교 시절을 통째로 지워 내는 억압이라는 자아방어기제를 시도하였지만, 그래도 상처만은 억압할 수 없었습니다. 그래서 마음속에 남은 그 상처는 중학교 시절부터 지금까지 계속해서 나쁜 영향을 미치고 있었습니다. 이것은 학교폭력의 상처가 얼마나 심각하고 지속적인지를 잘 보여 줍니다.

ⓑ 사람들이 용서를 어려워하는 이유는 용서에 대한 오해 때문입니다. 지연이는 그런 용서에 대한 오해가 공식적인 교육이 처음 시작되는 유치원에서부터 시작되었다고 합니다. 이것은 용서에 대한 올바른 교육이 아주 어릴 때부터 가정과 유치원에서 시작되어야 한다는 것을 말해 줍니다. 특히 용서는 상처를 잊고 묻어 버리는 것이 아닙니다. 용서는 회복적 기억입니다. 상처를 치유하고 회복하기 위해서 상처를 정확하게 기억하고 직면하는 것입니다.

2단계: 용서하기를 해결전략으로 스스로 선택하기(전환)

내가 지금까지 선택해 온 대처방법은 회피였다. 과거를 들여다볼수록 내가 쓸모없고 무능한 사람이라는 사실을 확인하는 것 같아 애써 생각하지 않았고, 내 학창 시절은 차라리 없는 것이라고 생각하며 지냈다. 하지만 이번에 상처 체크리스트를 작성하며 상처가 내게 미치는 영향을 평가하면서 상처는 묻어 둔다고 사라지는 것이 아니라 내 삶 이곳저곳에 많은 흔적을 남긴다는 것을 알게 되었다.

내가 가장 많이 사용한 회피 방법은 합리화이다(©). 굳이 그 친구가 잘못했다고 생각하지 않으려 했고, 내가 더 잘했으면 그 친구가 상처를 받지 않았을 것이라고 생각했다. 그때 조용히 했으면, 내가 너무 우물쭈물하지만 않았으면, 그 친구가 청소할 때 친구의 쓰레기도 같이 치워 줬으면 등등. 그런 합리화는 괜히 그 친구에게 반감을 가지지 않도록 스스로 억누를 수 있게 해 줬다. 그 친구에게 분노를 느끼지 않게 함으로써 상처를 덮는 데 열중할 수 있었다.

하지만 지금 생각해 보면 그런 방법이 스스로를 더 쓸모 없는 사람이라고 생각하게 만들었던 것 같다. 문제를 나에게 돌림으로써 나의 자존심은 점차 깎여 갔고, 결국 낮은 자존심은 다른 인간관계에 있어서 많은 불편함을 가져왔다. 그것을 알게 되자, 이제 회피에서 용서로 방법을 전환시켜야 한다는 필요성을 느꼈다. 『상처의 덫에서 행복의 꽃 피우기』를 통해 '전환의 핵심은 상처를 받은 사람이 스스로 용서를 선택하는 것'임을 알았고, 그 당시 보고서를 쓰기 위해서 억지로 용서한다는 생각이 들었기 때문에 스스로 용서를 한다는 생각이 들기까지 시간을 충분히 가지고 친구를 용서하기로 결정했다. 책에서 제안한 용서하기 서약서를 쓰고 용서의 과정에서 종종 들여다보았다.

Point!

학교폭력을 당하고 나서 지연이가 사용한 대처방법은 합리화라는 자아방어기제를 사용해서 상처를 회피하는 것입니다. 자신이 잘못해서 친구가 자기를 멀리한 것이라고 하면서 친구의 배신과 따돌림을 변명해 주었죠. 그러나 자아방어기제는 일시적 회피는 가능하지만, 문제를 왜곡시켜서 오히려 상처를 악화시키고 정신적 · 신체적 건강을 해치게 만듭니다. 지연이의 경우에도 자신이 잘못했다는 생각 때문에 자존심이 많이 낮아졌고, 그로 인해서 인간관계에서 많은 불편함이 생겨났습니다. 학교폭력 피해자가 많이 사용하는 자아방어기제들은 [부록 2]에서 살펴보세요.

3단계: 진정한 용서하기 전략 실천하기

오랜 시간이 걸린 이후에 스스로 친구를 용서하겠다는 결심이 섰고, 용서하기 전략을 실천해 보기로 했다. 꽤 많은 전략이 있어 당황했지만 시간을 들여 최선을 다해 천천히 시도해 보았다.

◆ 새로운 눈으로 바라보기

나는 E에 대해 처음으로 깊게 생각해 볼 수 있었다. 연락이 끊겨 심도 있게 적지는 못했지만 그 당시 E와 나누었던 대화를 생각해 보고, 편지를 찾아 다시 읽어 보면서 E의 삶에 대해 이해해 볼 수 있었다.

E는 맞벌이하는 부모 밑에서 홀로 지냈다. 초등학생 때 친구들에게 놀림을 받고 자신은 '강하게 살아야겠다'는 생각을 가지게 되었다. 어차피 나를 싫어하는 사람은 내가 무엇을 해도 나를 싫어할 것이기 때문에 자신도 마음대로 표출하며 살아야겠다는 말을 자주 했었다. 그리고 나에게 너무 착하게 다니면 오히려 무시당한다는 말도 자주 했었다. E와 성인이 되어 만나 진지하게 얘기해 본 것도 아니었고, 그 당시 중학생이었던 E의 생각이기 때문에 중학생 특유의 오기가 느껴지기도 했지만, E의 삶을 작성해 보면서 E가 어린 나이에도 항상 홀로 굳세게 살아왔겠다는 생각이 들었다.

나에게 상처를 줄 당시 E의 삶은 어땠을까 생각해 보니 살벌한 학교로 유명했던 당시 우리 중학교에서 E도 살아남으려 많은 고생을 했을 것이라는 생각이 들었다. 날 선 아이들 틈에서 무시당하지 않으려 나름대로 고군분투하며, 중학생이라는 어린 나이에 다른 사람의 마음을 헤아리기 어려웠을 것이다. 자신이 상처 입지 않는 것에 열중하여 학창 시절 내내 가시를 세우고 있었을 것이라는 생각을 하니 새삼 'E도 많이 힘들었겠다' 하는 측은지심이 들었다.

E의 삶을 정리해 보고 E가 왜 내게 그런 상처를 주었을까 생각해

봤다. 아마도 혼자 생존하는 것에 급급한 E는 남의 생각을 잘 헤아리지 못하고 가시를 세우고 다녔을 것이다. 왕따를 당했던 사건에서 벗어나 새로운 친구들과 새롭게 시작해 보고 싶다는 생각이 들었을 수도 있다. 왕따 시절을 떠올리게 하는 나를 보는 것 자체가 자존심이 강한 E에게 수치가 되었을 수도 있겠다는 생각도 들었다. 그런 생각이 드니 억울하기도 하면서 자연스럽게 두 번째 전략으로 넘어갈 수 있었다.

◆ 공감과 측은지심의 발달

나도 어린 나이에 상처를 입었지만 생각해 보니 E도 참 어렸었다. 온 세상이 자기 중심인 중학생 2학년 시기에 E도 많이 혼란스러웠을 것이라는 생각과 E도 어린 나이에 참 치열하게 살았겠구나 하는 생각이 들면서 공감도 가고 안타까운 마음이 들었다. 힘들면 자비명상을 해 보려고 생각했지만, 우리 둘 다 어렸었다는 사실을 깨닫고 나니 측은지심은 쉽게 생겨났다.

◆ 우리가 모두 인간으로서 불완전한 존재라는 것을 통찰하기

그때 당시에 나는 E라는 친구가 굉장히 어른스럽게 느껴졌었다. 하고 싶은 말을 척척 하고, 쿨했던 E는 정반대의 성격인 나에게 동경의 대상이 되기도 했다. 그리고 애초에 E와 나의 관계는 친구 관계보다는 갑과 을의 관계였기에 나는 E를 우러러보고 좀 더 많은 기대를 하고 있었던 것 같다. 하지만 인간관계에서 상처받지 않고

묵묵히 자신의 길을 걸어간다고 생각했던 E도 이제 와서 생각해 보면 결국 나와 같은 중 2였고, 나와 별다르지 않게 상처를 받았을 것이다. 새삼 E가 왕따를 당했을 때 했던 "남아 줘서 고맙다."는 말이 다시 생각났다. 용감해 보였던 E도 '그때 혼자 많이 울었겠구나.' 하는 생각을 하니 다시 한번 측은지심이 생겼다.

생각해 보면 쿨한 E가 나를 용서해 줬던 적도 있었다. 체육 시간 때 나의 우유부단한 성격 때문에 E의 팀이 참패한 적이 있었다. E는 당시에 그 게임을 정말 이기고 싶어 했는데 나 때문에 진 것이 확실함에도 미안해하는 나에게 "그럴 수도 있지." 하며 괜찮다고 말해 주었다. E도 나름대로 많은 한계가 있었을 것이고, 나 자신도 그런 E에게 용서받았던 적이 있음을 떠올리자 E를 용서하려는 용기가 더 생길 수 있었다.

◆ 상처를 흡수하기

내가 E에게 받은 상처를 누군가에게 되돌린 적이 있나 생각해 보았다. 나는 상처를 혼자 삼킨 줄만 알았는데, 이번 용서 보고서를 쓰며 엄마와 이 주제에 대해 얘기해 보다가 그 당시 내가 엄마를 많이 힘들게 했다는 것을 알게 되었다. 지금은 이 사건 때문에 엄마에게 투정을 부리진 않지만 그 당시 나는 학교에서 돌아오기만 하면 엄마에게 화풀이를 했다고 한다. 충격받았던 것은 내가 요즘도 친구 관계에서 힘든 일이 생기면 습관처럼 엄마에게 심술을 부린다는 것이었다.

그 당시 E에게 쌓인 화를 엄마에게 풀면서 엄마는 마치 나의 감정 창고처럼 사용되었고, 그 습관이 남아 지금도 엄마에게 친구 관계에서 생긴 화를 푼다는 것을 깨닫게 되면서 엄청난 충격을 받았다(ⓓ). 내가 받은 부정적인 감정을 내가 사랑하는 엄마에게 떠넘기고 있었다는 사실이 끔찍하게 다가왔고, 자비명상을 통한 상처 흡수하기의 중요성을 깨닫게 되었다.

Point!

ⓓ 친구 관계에서 생긴 화를 엄마에게 푸는 것은 대치라는 자아방어기제를 사용하는 것입니다. '동대문에서 뺨 맞고 남대문에서 화풀이'하는 셈이죠. 지연이는 자신이 사용하는 나쁜 자아방어기제를 통찰하고 나서 자비명상을 통해 자신의 상처를 흡수하는 방향으로 성장하게 되었습니다.

◆ 고통의 의미를 발견하기

나는 용서하기 과정에서 가장 많은 것을 얻을 수 있었다. E에게 무시당하고 일방적으로 휘둘렸을 때의 감정을 다시 한번 생각해 보면서 그런 상황에 처했을 때 얼마나 힘든 기분인지를 새삼 다시 알게 되었다. 실제로 나는 학창 시절 내내 이름보다는 '○○의 친구'로 불리곤 했는데, 삶의 주체가 아닌 누군가의 주변인으로 산다는 것이 얼마나 자존감을 깎아내리는 일인지, 청소년의 성장에 있어서 얼마나 부정적인 영향을 미치는지 다시 한번 경각심을 가질 수 있었다.

그런 생각과 동시에 나와 비슷한 경험을 했던 또는 경험하고 있는 청소년들에게 힘을 주는 일을 해 보고 싶다는 생각이 들었다. 그래서 청소년 상담에 관심을 가지게 되었다(ⓔ). 나의 경험을 바탕으로 학생들을 더 잘 이해하고 도움을 줄 수 있을 것 같다. 숨기기 급급했던 상처가 나에게 흠이 아닌 장점으로 다가오는 사실은 내가 용서하기를 수행하는 데 있어서 많은 동기를 부여했다.

Point!

ⓔ 지연이는 용서를 통해 학교폭력의 상처를 극복하고 더 나아가서 자신의 진로를 결정하는 기회를 마련하였습니다. 자신과 비슷한 힘든 경험을 하는 학생들을 도와주고 싶어서 청소년 상담에 관심을 가지게 된 것입니다. 이번 용서 경험을 통해서 지연이의 공감능력이 많이 발전하였습니다. 이것을 바탕으로 지연이는 유능하고 따뜻한 청소년 상담가가 될 것이라고 생각합니다.

◆ 당신에게 상처를 준 사람에게 선물하기

이 전략은 현실적인 이유로 실행하기 힘들었다. 연락처를 모르기도 하고, 만약 안다고 해도 너무 오랜 시간 연락하지 않았기 때문에 E의 입장에서는 많이 당황스러울 것이라는 생각을 하니 큰 용기가 필요했다. 코로나 사태로 인해 만나기도 쉽지 않아 고민하던 중에 중학교 동창을 만났다. E와 별로 친하진 않지만 알고 있는 사이였기 때문에 나중에 E를 만나면 (E가 괜찮다면) 내가 한 번 만나 보고 싶어 한다고 전해 주라고 부탁하였다.

사실 아직 직접 만날 용기는 없었기에 여섯 번째 전략에서는 선물 목록을 작성하기만 했다. 오랜 시간 만나지 않았기에 선물은 부담스럽지 않은 간소한 것만 생각났다. 내가 생각한 선물 목록은 친절히 대하기, 간단한 음료 사 주기 등이었다. 마주한다는 것 자체가 부담으로 다가왔기에 편안함의 정도는 모두 '별로 편안하지 않음'이었다.

◆ 주변 사람들에게 도움 구하기

나는 가족과 친구에게 나의 상처를 털어놓았다. 사실 주변 사람에게 나의 상처를 털어놓는 사실 자체가 수치로 다가왔는데, 항상 이 상처를 나의 잘못이라고 생각하고 살아왔기 때문에 그런 생각이 들었던 것 같다. 하지만 주변 사람들의 반응은 생각 이상으로 따뜻했다. 오히려 주위 사람들과 이야기하면서 자기합리화식 회피 방법이 그동안 나를 갉아먹는 방법이었다는 것을 확실히 깨달을 수 있었다. 그들은 모두 나를 생각해 주며 많이 힘들었겠다고 말해 주었다. 용서하기 전략을 수행하면서 잠깐 우울감을 느낄 때는 용서하기를 택했다는 사실 자체가 용기 있다는 것을 계속 상기시켜 줬다. 이 전략을 수행하면서 그들에게 많은 지지를 얻기도 했지만 지지를 얻는 과정에서 나도 인간관계의 벽을 조금 허물 수 있게 되었다.

◆ 용서를 공개적으로 선언하기

친구 앞에서 나는 용서하기 증서를 썼는데, 신기하게 말로만 용서한다고 말했을 때보다 글로 쓰고 나서 훨씬 더 후련한 기분이 들었다.

4단계: 진정한 용서하기 전략 실천 평가하기

용서하기 전략을 모두 실천하고 나서 보고서를 본격적으로 작성하기 전에 전략을 잘 수행했는지 한번 점검해 보았다. 여섯 번째 전략을 제외하고는 모두 4, 5점이 나왔다. 전략 점검을 해 보고 나서 다시 한번 선물하는 것에 용기를 내 봐야겠다는 생각이 들었다. 보고서를 끝내더라도 코로나가 잠잠해지면 얼굴을 맞대고 얘기해 보고 싶다는 생각이 들었다. 일방적이라고 생각할 수 있을 것 같지만 부담이 된다면 편지 같은 소소한 선물이라도 해 보고 싶다는 용기가 생겼다.

용서하기 결과 평가

용서하기 전략을 모두 수행하고 평가해 보면서 마음이 많이 후련해지기도 하였지만 사실 이번 한 번만으로는 완전히 떨치지 못했다는 생각이 들기도 했다. 책에 나온 한국인 용서하기 척도를 작성하여 나의 용서하기 점수를 측정해 보았더니 29점이 나왔다. 꽤 높은 점수이기는 하지만 역시 오래전에 깊게 생긴 상처이다 보니 쉽게 없어지지 않는구나 하는 생각이 들었다. 또 한편으로는 용서하기 과정을 한 번 거쳤다고 해서 한번에 극복한다는 것 자체가 비현실적이라고 생각했기 때문에 신뢰감을 가지고 다시 한번 수행해 봐야겠다는 생각이 들었다. 오랫동안 행해 온 자기합리화를 통한 상처 묵혀 두기 습관을 버리고 진정한 용서하기를 통해 나의 상처를 올바르게 배출할 수 있을 때까지 노력하겠다는 다짐을 했다.

나에게 상처를 준 사람을 용서하는 과정을 거치면서 얻은 것은 일단 누군가를 용서한다는 시간 자체를 처음 가져 본 것이기 때문에 그 자체로도 의미가 컸다. 누군가를 용서한다는 용기를 내는 나 자신이 대견하다는 생각이 들었고, 실제로 용서하기 과정을 통해 자신감이 많이 생겼다. 주변인의 관계에 대해서 다시 한번 생각해 볼 수 있었고, 내가 받은 상처를 부당하게 누군가에게 돌리고 있지는 않았는지 행동을 점검해 볼 수 있었다. 용서하기 과제를 통해 내가 한층 더 성숙해진 것 같다는 생각이 들었다.

[사례 분석]

1. 지연이의 용서하기에 대한 분석

1) 상처와 영향

지연이는 중학교 2학년 때 진정으로 친구라고 생각한 E에게서 배신을 당했습니다. 중학교 1학년 때 학교 일진에게서 괴롭힘을 당하고, 다른 친구들도 가까이 하려 하지 않는 E의 곁을 지연이는 유일하게 지켜 주었습니다. E는 지연이에게 "진정한 친구는 너뿐이며 고맙다."는 말까지 했습니다. 그럼에도 2학년이 되자 E는 지연이와 연을 끊었고, 심지어 자기가 어울리는 친구 무리에게 지연이에 대한 좋지 않은 말을 해서 그들도 지연이를 피하게 만들었습니다.

이 사건은 지연이에게 엄청난 배신감을 주었고 지연이는 친구 관계를 넘어 인간관계에 있어서 사람을 믿지 않게 되었습니다. E 때문에 너무 괴로워서 중학교 시절을 통째로 지워 버렸는데도 E에게서 받은 상처만은 지워지지 않았습니다. 지연이에게 학창시절은 항상 주변에서 어울리지 못하는 추억뿐이었고, 인간관계에 확신을 가지지 못하게 만들었습니다.

2) 용서하는 데 도움이 된 것

지연이가 용서를 실천하는 데 가장 도움이 된 것은 자신을 지지해 주는 주변인들이었습니다. 지연이가 중학교 시절 상처를 나의 탓으로만 돌렸던 이유는 의지할 사람이 없었기 때문이었습니다. 누구도 자신의 감정을 이해하지 못할 것이라고 생각했고, 그렇기 때문에 지연이의 상처는 단점과 흠이 되어 숨기기에 급급했던 것이죠. 하지만 지연이는 용서를 실천하면서 생각 이상으로 자신을 지지해 주는 사람들이 많다는 것을 깨달을 수 있었고, 그것은 상처를 직면하는 데에 많은 도움을 주었습니다.

또한 용서하기에 대한 새로운 이해도 지연이가 용서하는 데 많은 용기를 주었습니다. '부정적인 감정을 마음껏 표출해라', '용서했다는 것이 그 친구가 잘못을 하지 않았다는 것이 아니다'라는 것을 깨닫게 된 것이 용서하는 과정에 좀 더 쉽게 다가갈 수 있게 했습니다. 전에는 성인군자만 진정한 용서하기를 할 수 있다고 생각했고 '나를 위해서 용서해'라는 말은 그저 합리화에 불과하다고 생각했습니다. 하지만 이번에 새로 배운 용서하기 개념은 '자신을 위해서' 용서한다는 말을 이해할 수 있게 했습니다.

3) 용서하는 데 방해가 된 것

지연이가 용서를 실천하는 데 가장 방해가 된 것은 '상처가 생긴 시간'이었습니다. 오래전의 상처를 끄집어내면서 너무 과거의 일에 연연하고 있다는 생각이 들어 창피하기도 했는데, 이런 감정은 지연이가 상처와 대면하기까지 오랜 시간이 걸리게 했습니다. 또한 E와의 상처를 극복하더라도 또 비슷한 상처를 받게 된다면 자신이 잘 이겨 낼 수 있을지에 대한 걱정도 컸습니다. 오랫동안 사람들과 벽을 쌓고 살다 보니 이제는 그런 방식이 익숙해져 버린 것이죠. 건강한 사회관계를 맺는 것이 중요하다는 것을 알지만 한편으로는 용서하기 전으로 돌아가 전과 같이 모른 척하며 살고 싶다는 생각이 종종 들었는데, 이것이 용서하는 데 방해가 되었습니다.

2. 지연이의 외상 후 성장에 대한 분석

1) 자존감이 높아졌습니다.

지연이는 용서하기 과정을 통해서 생각보다 자신이 훨씬 대단하고 소중한 사람이라는 것을 깨달을 수 있었습니다. 이것은 지연이에게 많은 용기를 주었으며, 실제로 용서하기 과제를 끝내고 난 뒤에 자존감이 높아진 것을 실감하였습니다. 지연이는 용서하기 이후에 다른 수업에서 토론 수업을 했는데, 전보다 상처받는 것을 덜 두려워하고 적극적으로 토론에 임하는 모습에서 전보다 많이 성장했다는 것을 실감할 수 있었습니다.

2) 대인관계와 공감 능력이 좋아졌습니다.

지연이는 주변에서 겉도는 친구를 발견하게 됐을 때 전보다 더 스스럼없이 다가갈 수 있었습니다. 자신이 받을지도 모르는 상처보다 그 친구의 당장의 괴로움에 더 신경 쓰게 되었고, 친구 관계가 모두 E와 같은 결말을 맺지는 않는다는 것을 새삼 알게 되었습니다. 또 가해자였던, 생각하기조차 싫었던 E의 입장에서 생각해 보고 공감해 보는 경험을 하면서 전보다 훨씬 더 다른 사람들의 감정에 공감할 수 있게 되었습니다.

3) 진로설정에 도움이 되었습니다.

지연이는 용서 과정을 거치면서 자신과 비슷한 경험을 하는 청소년들에게 힘을 주는 일을 해 보고 싶다는 생각을 하게 되었습니다. 그래서 청소년 상담에 관심을 가지고 그 방향으로 진로를 탐색하게 되었습니다.

에필로그

용서하는 습관의 필요성

나의 첫 용서는 정신건강 수업을 통해 이루어졌다. 이전까지 나는 상처를 마주할 자신과 용기가 없어서 상처를 품고 들여다보지 않으려고 애썼다. 내가 들여다보지 않고 그저 품고만 있던 상처는 상처를 준 대상을 향한 증오가 되어 갔고 이는 오히려 나를 갉아먹고 있었다. 이때 정신건강 수업에서 용서 보고서를 쓰기 위해 부교재인 『상처의 덫에서 행복의 꽃 피우기』를 읽어 보면서 용서하기 과정을 알게 되었고 상처를 직면하고 진정으로 용서하게 되었다. 용서한 후 나의 마음은 편해졌고 가장 컸던 상처를 적극적으로 치유하고 회복하게 되었다.

용서를 처음으로 하게 된 후, 나의 인생에서는 변화가 나타났다. 가장 큰 것은 나에게 폭행과 폭언을 했던 아빠를 아직 어색해하긴 하지만, 증오하지는 않는다는 것이다. 과거 아빠의 말에 대답하려 하지 않고 아빠가 대화를 시도하는 것조차 싫어했지만, 이제는 다정하게 대화하지는 않아도 대화를 이어 가고 점점 관계가 호전되었다. 두 번째로, 내 인생에서 나타난 변화는 용서를 계속하게 되었다는 것이다. 나의 마음을 계속해서 들여다보고 내가 받은 상처를 알고 상처를 준 대상을 용서하는 습관을 가지게 된 것이다. 이를 통해 나는 좀 더 나를 돌보고 나를 회복시키는 데 집중하게 되었다.

물론, 가족 관련 상처는 아직도 마주하기 어렵지만, 일상생활 가운데 다양한 관계를 맺으며 살아가는 동안 받게 되는 상처에는 바로 바로 이 용서하기 과정을 통해 용서하려고 노력하고 있다. **용서하는 습관을 가지게 되었을 때 나의 삶이 상처받는 삶이 아니라 용서하는 자유롭고 행복한 삶으로 변화되는 것을 느꼈기 때문이다.** 더불어 나와 관계를 맺고 있는 사람들에게도 긍정적인 영향을 미칠 수 있기 때문이다. 따라서 용서하는 습관이 필요하다.

– 조수연

프롤로그에서 나는 여러분에게 '용서와 외상 후 성장'의 여행을 함께 떠나 볼 것을 제안했습니다. 이곳에 제시한 사례들을 잘 읽어 보신 분들은 그 여행이 여러분에게 치유와 성장의 결과를 가져다준다는 것을 깨달았을 것입니다.

그러나 용서의 여행은 쉽지 않고 중간에 많은 장애물이 숨겨져 있습니다. 그래서 처음부터 시작하고 싶은 마음이 아예 생기지 않을 수도 있고, 조금 걸어가다가 장애물을 만나면 쉽게 포기하기도 합니다. 용서의 여행에서 가장 중요한 것은 중간에 장애물을 만나도 꾸준히 앞으로 걸어가야 한다는 것입니다.

용서의 여행은 한 번으로 끝나는 것이 아닙니다. 당신에게 상처를 준 사람을 용서했지만, 다시 그 사람에게서 상처를 받고 용서하지 못해서 괴로워해 본 적이 있습니까? 용서 연구의 선구자인 엔라이트 박사는 『용서하는 삶』이란 책에서 우리가 한두 번 용서하는 것으로는 용서의 열매를 맺을 수 없다고 말합니다. 용서를 계속 연습해서 용서가 내 성격과 내 삶의 일부가 되게 하고, 그래서 자연스럽게 일상생활에서 용서를 실천하게 되어야 한다고 주장합니다. 용서가 내 성격의 일부가 되면, 다른 사람을 공감하고 수용하는 능력이 생겨서 애초에 갈등이 발생하지 않을 수 있고, 혹시 갈등이 생기더라도 용서를 이용해서 초기에 긍정적인 방향으로 해결할 수 있게 될 것입니다.

앞서 제시한 글에 나오는 수연이는 자신에게 심각한 상처를 준 아빠를 용서하는 과정에서 용서를 습관화하는 것이 필요하다는 것을 스스로 깨달았습니다. 용서를 일상생활에서 실천하기 위해 가장 좋은 것은 어릴 때부터 제대로 된 용서 교육을 통해서 용서의 습관을 길러주는 것입니다. 많은 사람이 용서를 어려워하는 이유는 용서에 대한 정확한 이해가 부족하기 때문입니다. 다음 글은 어릴 때부터 부모나 학교에서 잘못된 용서교육을 받아 온 것을 잘 증명해 줍니다.

『상처의 덫에서 행복의 꽃 피우기』를 읽으면서 내가 '용서'라는 개념을 잘못 이해하고 있다는 것을 알았다. 책을 읽기 전 나에게 용서란 상대방이 나에게 했던 부당한 행동을 잊어버리는 것이었다. 살아오면서 그런 식으로 용서를 해 왔었다. 유치원 때부터 선생님께서 용서 또는 화해시킬 때 "이제 다 잊고 사이좋게 지내는 거야."라고 하셨다. 책이나 영화에서 보이는 용서도 흔히 복수의 반대 개념으로, 그저 잊고 자신의 삶을 묵묵히 살아가는 것 정도로 나왔기 때문에 **나는 용서의 옳은 정의를 알기 전까지 '용서하기'는 허황된 자기 합리화라고 생각하고 있었다. 하지만 책을 읽고 진정한 용서하기가 단순히 잊는 것이 아니라 부정적인 감정을 충분히 느끼고 결국 극복하고 성장하는 것임을 알게 되었고, 용서가 강요가 아닌 나를 위한 발판이라는 생각이 처음으로 들었다.**

– 윤지연

지금이라도 늦지 않았습니다. 여러분이 자녀(학생)들과 손을 잡고 함께 용서와 외상 후 성장의 여행을 시작하기를 간곡히 부탁드립니다. 그 여행은 여러분 자신에게, 그리고 여러분의 자녀(학생)들에게, 더 나아가서 심각한 이념적 · 경제적 · 종교적 갈등으로 신음하고 있는 우리 사회에게 줄 수 있는 가장 큰 선물이 될 것입니다.

부록

부록 1

상처가 내게 미치는 영향 평가표

상처가 내게 미치는 영향 평가표

내가 받은 상처:

영향 점수:

0	1	2	3	4	5	6
전혀 없음			중간			매우 심함

기분:

화가 난다. ____________

배신감을 느낀다. ____________

우울하다. ____________

억울하다. ____________

불안하다. ____________

기타 기분 ____

____

생각:

상대방을 믿지 못하게 되었다. ____________

이 세상이 불공평하다는 생각이 든다. ____________

내가 약하고 무능력하다는 생각이 든다. ____________

상처에 대해서 반복해서 계속 생각하게 된다. ____________

기타 생각 ____

____

행동:

상대방과의 관계가 나빠졌다. ____________

식욕도 없고 잠도 잘 못 잔다. ____________

집안일/학교/직장생활을 하기 힘들다. ____________

사람들을 피한다. ____________

기타 행동 ____

____

부록 2

학교폭력을 당하면 사용하는 자아방어기제들

종류	설명	예
억압	상처를 무의식으로 밀어내서 의식조차 하지 못하게 하는 것	학교폭력을 당했다는 사실을 기억조차 하지 못하는 것
부정	정확하게 보거나 듣는 것을 거부해서 지각한 것을 왜곡하거나, 지각한 현실을 왜곡해서 현실과 다르게 받아들이는 것	친구가 자신을 왕따시키는 증거가 있는데도 그런 일이 없다고 부정하거나, 그런 일로 상처받을 내가 아니라고 하면서 상처를 부정하는 것
합리화	부당하고 비합리적인 상처에 대해서 합리적인 설명을 제공하려고 노력하는 것	친구의 왕따시키는 행동에 대해서 내가 잘못해서 그런 것이라고 변명하는 것
반동형성	실제로 느끼는 감정이나 생각과는 정반대로 표현하는 것	속으로는 왕따시킨 친구를 증오하면서 겉으로는 이해하고 용서한다고 하는 것
대치	상처를 받고서 다른 대상에게 부정적인 반응을 보이는 것	왕따시킨 친구에 대한 분노를 집에 와서 가족들에게 화풀이하는 것. 또는 학교폭력에서 공격적 피해자와 같이 자신이 당한 폭력을 약한 후배들에게 그대로 되풀이하는 것
투사	나의 불편한 욕구나 감정을 다른 사람의 탓으로 돌리는 것	내가 친구를 미워하고 피하면서 오히려 친구가 나를 미워해서 멀리한다고 하는 것

부록 3

(　　　　　　)의 삶

(　　　　　　)의 삶

• 당신에게 상처를 준 사람의 이름을 위에 써 놓고, 다음을 중심으로 그 사람의 삶에 대해서 최대한 자세하게 써 보십시오.

1. 그 사람의 성장과정은 어떠했습니까? (그 사람이 어린아이였을 때, 청소년이었을 때, 성인이 되었을 때 어떠했습니까? 구체적인 사건들을 예로 들면서 써 보십시오.)

2. 당신에게 상처를 줄 당시, 그 사람의 삶은 어땠을까요? (구체적인 사건들을 예로 들면서 써 보십시오.)

3. 상대방의 장점을 세 가지만 써 보십시오.

4. 상대방의 단점을 세 가지만 써 보십시오.

부록 4

용서하기 증서

용서하기 증서

나는 이제 나에게 상처를 준 (   )를 용서합니다.

그리고 다음을 약속합니다.

1. 그 사람에 대해서 부정적으로 생각하고, 느끼고, 행동하지 않겠습니다.
2. 그 사람에 대해서 최대한 긍정적으로 생각하고, 느끼고, 행동하도록 노력하겠습니다.
3. 내 용서를 표현하기 위해서 그 사람에게 선물을 주도록 노력하겠습니다.

이름: 날짜:

보증인: 날짜:

부록 5

한국인 용서하기 척도

※ 다음 문항은 당신이 받은 상처와 상처를 준 사람에 대해서 지금 어떻게 생각하고, 느끼고, 행동하는지에 대한 것입니다. 각 문항을 보고, 자신을 가장 잘 나타내 주는 곳에 ○표 해 주십시오. 한 문항도 빠뜨리지 말고 모두 응답해 주십시오.

	매우 그렇지 않다	대체로 그렇지 않다	그저 그렇다	대체로 그렇다	매우 그렇다
1. 그 사람에 대한 미움이 남아 있다.	1	2	3	4	5
2. 그 사람을 봐도 마음이 편안하다.	1	2	3	4	5
3. 그 사람을 보면 화가 난다.	1	2	3	4	5
4. 그 사람을 봐도 아무렇지 않다.	1	2	3	4	5
5. 그 상처를 잊기 어렵다.	1	2	3	4	5
6. 그 일로 인해 사람들을 경계하게 되었다.	1	2	3	4	5
7. 그 사람과 웃으며 이야기할 수 있다.	1	2	3	4	5
8. 그 사람을 형식적으로 대한다.	1	2	3	4	5
9. 그 사람에게 잘해 주려고 노력한다.	1	2	3	4	5
10. 그 사람에게 편하게 연락한다.	1	2	3	4	5

[채점 방법]

① 2번, 4번, 7번, 9번, 10번의 점수를 더합니다.
② 1번, 3번, 5번, 6번, 8번은 점수를 역으로 바꿉니다. 바꾼 점수를 더합니다. (예: 1점 → 5점, 2점 → 4점, 4점 → 2점, 5점 → 1점)
③ ①과 ②의 점수를 더하여 총점을 냅니다. 당신의 총점은 얼마입니까?
(　　　　　점)

[점수 해석 방법]

• 한국인 용서하기 척도 총점을 해석하는 기준은 다음과 같습니다.

① 22점 이하: 낮은 수준
당신은 아직도 상처를 많이 받고 있으며, 그 때문에 당신의 생각과 감정과 행동이 부정적입니다. 잠시 쉬었다가 다시 한번 동일한 상처를 대상으로 용서하기의 과정을 실행해 보십시오.

② 23~32점: 보통 수준
두 가지 방향을 선택할 수 있습니다. 첫째, 이번 용서 대상에 대해서 다시 한번 용서하기 작업을 함으로써 당신의 용서를 심화시키는 것입니다. 둘째, 다른 용서 대상으로 넘어가는 것입니다.

③ 33점 이상: 높은 수준
당신의 용서하기 작업은 크게 성공한 것입니다. 그러나 여기서 멈추지 말고 잠시 휴식을 취했다가 시간이 나는 대로 다른 상처를 선택해서 용서하기 작업을 반복해 볼 것을 권합니다. 용서하기를 계속 연습하면서 당신은 더욱 많이 치유되고 성장하게 될 것입니다.

부록 6

한국인 용서구하기 척도

※ 다음 문항은 당신이 입힌 상처와 그 사람에 대해서 지금 어떻게 생각하고, 느끼고, 행동하는지에 대한 것입니다. 각 문항을 보고, 자신을 가장 잘 나타내 주는 곳에 ○표 해 주십시오. 한 문항도 빠뜨리지 말고 모두 응답해 주십시오.

	매우 그렇지 않다	대체로 그렇지 않다	그저 그렇다	대체로 그렇다	매우 그렇다
1. 그 사람에 대한 죄책감이 남아 있다.	1	2	3	4	5
2. 그 사람을 봐도 마음이 편안하다.	1	2	3	4	5
3. 그 사람을 보면 부끄럽다.	1	2	3	4	5
4. 상대방의 입장에서 더 생각해 보게 된다.	1	2	3	4	5
5. 내가 입힌 상처를 잊기 어렵다.	1	2	3	4	5
6. 그 일로 인해 나를 믿지 못하게 되었다.	1	2	3	4	5
7. 나의 나쁜 습관을 바꾸려고 노력한다.	1	2	3	4	5
8. 그 사람과 사이가 나빠졌다.	1	2	3	4	5
9. 내 행동이나 말을 조심하려고 노력한다.	1	2	3	4	5
10. 그 사람에게 잘해 주려고 노력한다.	1	2	3	4	5

• 한국인 용서구하기 척도를 채점하는 방법은 다음과 같습니다.

① 2번, 4번, 7번, 9번, 10번의 점수를 더합니다.
② 1번, 3번, 5번, 6번, 8번은 점수를 역으로 바꿉니다. 바꾼 점수를 더합니다. (예: 1점 → 5점, 2점 → 4점, 4점 → 2점, 5점 → 1점)
③ ①과 ②의 점수를 더하여 총점을 냅니다. 당신의 총점은 얼마입니까?
(점)

• 한국인 용서구하기 척도 총점을 해석하는 기준은 다음과 같습니다.

① 22점 이하: 낮은 수준
당신은 아직도 상처를 준 것의 영향을 많이 받고 있으며, 그 때문에 당신의 생각과 감정과 행동이 부정적입니다. 잠시 쉬었다가 다시 한번 동일한 상처를 대상으로 용서구하기의 과정을 실행해 보십시오.

② 23~32점: 보통 수준
두 가지 방향을 선택할 수 있습니다. 첫째, 이번 대상에 대해서 다시 한번 용서구하기 작업을 함으로써 당신의 용서구하기를 심화시키는 것입니다. 둘째, 다른 대상으로 넘어가는 것입니다.

③ 33점 이상: 높은 수준
당신의 용서구하기 작업은 크게 성공한 것입니다. 그러나 여기서 멈추지 말고 잠시 휴식을 취했다가 시간이 나는 대로 다른 대상을 선택해서 용서구하기 작업을 반복해 볼 것을 권합니다. 용서구하기를 계속 연습하면서 당신은 더욱 많이 치유되고 성장하게 될 것입니다.

참고문헌

김광수(2002). 용서프로그램이 대인관계 상처경험자의 자존감, 불안, 분노에 미치는 영향. 청소년상담연구, 10, 165-191.

김교헌, 김경의, 김금미, 김세진, 원두리, 윤미라, 이경순, 장은영(2010). 젊은이를 위한 정신건강. 서울: 학지사.

김기범, 임효진(2006). 대인관계 용서의 심리적 과정 탐색: 공감과 사과가 용서에 미치는 영향 분석. 한국심리학회지: 사회 및 성격, 20(2), 19-33.

박태우(2012. 2. 16.). "건방지다" 땅에 파묻은 고교생… 조폭 빰친 선후배 '폭력 대물림'. 경향신문. http://news.khan.co.kr에서 2012. 2. 20. 인출.

박종효(2003). 용서와 건강의 관련성 탐색. 한국심리학회지: 건강, 8(2), 301-322.

박종효(2011). 용서, 행복에 이르는 길. 서울: 미래를 소유한 사람들.

오영희(1995). 용서를 통한 한의 치유: 심리학적 접근. 한국심리학회지: 상담과 심리치료, 7(1), 70-94.

오영희(2004). 대학생의 부모-자녀 갈등경험, 용서, 정신건강의 관계. 교육심리연구, 18(3), 59-77.

오영희(2006). 한국인의 상처와 용서에 대한 조사. 교육심리연구, 20(2),

467-486.

오영희(2007). 청소년의 부모-자녀 갈등경험과 심리적 부적응과의 관계: 용서와 자아존중감의 매개효과. **교육심리연구, 21**(3), 645-663.

오영희(2011). 한국인 용서 척도 단축형의 개발과 타당화. **한국심리학회지: 건강, 16**(4), 799-813.

오영희(2015). **상처의 덫에서 행복의 꽃 피우기-용서와 화해 실천서.** 서울: 학지사.

오영희(2018). 중고등학생들의 사과에 대한 탐색적 연구. **한국심리학회지: 건강, 23**(4), 835-858.

한국 용서와 화해 연구회 편(2016). **용서를 통한 치유와 성장.** 서울: 학지사.

한국 용서와 화해 연구회 편(2020). **사과를 통한 치유와 성장: 초, 중, 고등학생들을 위한 사과 교육 프로그램.** 서울: 인싸이트.

한국심리학회(2014). 심리학용어사전: 외상 후 스트레스 장애. https://terms.naver.com/entry.nhn?docId=2094313&cid=41991&categoryId=41991

Bergin, A. E. (1988). Three contributions of a spiritual perspective to counseling, psychotherapy, and behavioral change. *Counseling and Values, 33*, 21-31.

Chapman, G., & Thomas, J. (2012). **5가지 사과의 언어.** [*The five languages of apology*]. (김태곤 역). 서울: 생명의 말씀사. (원전은 2006년에 출판).

Enright, R. D. (2014). **용서하는 삶: 상처와 분노를 치유하고 사랑의 유산을 남기는.** [*The forgiving life: A pathway to overcoming resentment and creating a legacy of love*]. (김광수, 박종효, 오영희, 정성진 역). 서울: 시그마프레스. (원전은 2012년에 출판).

Enright, R. D., & Fitzgibbons, R. P. (2011). **용서심리학: 내담자의 분노 해결하기.** [*Helping clients forgive: An empirical guide for resolving* *anger and restoring hope*]. (방기연 역). 서울: 시그마프레스. (원전은 2000년에 출판).

Fields, L., & Hubbard, J. (2014). **부모 용서하기.** [*Forgiving our fathers and mothers*]. (배응준 역). 서울: 규장. (원전은 2014년에 출판).

King, R. (2006). **세상에서 가장 아름다운 용서.** [*Don't kill in our names*]. (황근하 역). 서울: 샨티. (원전은 2003년에 출판).

Worthington Jr., E. L. (2006). **용서와 화해.** [*Forgiving and reconciling*]. (윤종석 역). 서울: Ivp. (원전은 2003년에 출판).

Zehr, H. (2010). **회복적 정의란 무엇인가?** [*Restorative justice*]. (손진 역). 서울: Korean Anabaptist Press. (원전은 2005년에 출판).

찾아보기

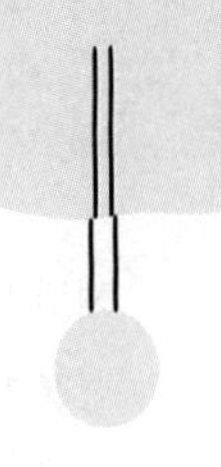

memo

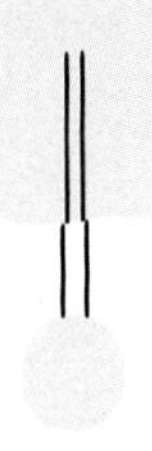

memo

저자 소개

오영희(Oh, Young Hee)

용서에 대한 심리학 연구가 드물던 1989년에 미국 위스콘신 대학교 교육심리학과에서 「용서의 발달: 친구 사이의 용서를 중심으로」라는 제목으로 박사학위(Ph. D.)를 받았다. 현재 덕성여자대학교 심리학과 교수로 재직하면서 어떻게 하면 용서를 일상생활에서 효과적으로 활용할 수 있는지에 대해서 집중적으로 연구하고 있다. 우리나라 사람들의 상처와 용서에 대해서 조사하고, 부모-자녀 간의 심각한 갈등을 해결하는 방법으로서의 용서에 대해서 연구하고, 우리나라 사람들에게 맞는 다양한 용서 검사와 용서 프로그램을 개발하고 있다. 2021년에는 초·중·고등학생들을 위한 좋은 사과 교육 프로그램과 보드게임을 개발하였다.

악마 같은 친구를 보았다

—용서, 치유, 외상 후 성장에 대한 사례집—

I Saw a Friend Like the Devil: A Casebook of Forgiveness, Healing, and Post-Traumatic Growth

2022년 3월 15일 1판 1쇄 인쇄
2022년 3월 25일 1판 1쇄 발행

지은이 • 오영희
펴낸이 • 김진환
펴낸곳 • ㈜학지사
04031 서울특별시 마포구 양화로 15길 20 마인드월드빌딩
대표전화 • 02-330-5114 팩스 • 02-324-2345
등록번호 • 제313-2006-000265호

홈페이지 • http://www.hakjisa.co.kr
페이스북 • https://www.facebook.com/hakjisabook

ISBN 978-89-997-2635-4 03180

정가 13,000원